HEYNE <

DAS BUCH:
In jedem Menschen stecken magische Kräfte! Wie wir sie wecken können, um alle Bereiche unseres Lebens auf zauberhafte Weise zu verbessern, zeigt Juliet Diaz, die bereits in dritter Generation als heilende Hexe wirkt und hier das Wissen ihrer Ahnen weitergibt. Schritt für Schritt führt sie in die Geheimnisse der Hexenkunst ein und vermittelt Inspirationen und Tipps, mit denen wir unsere magischen Fähigkeiten zum Erblühen bringen. Endlich den Traumpartner finden oder gesundheitliche Beschwerden lindern, das Zuhause vor negativen Energien schützen oder im Job erfolgreich durchstarten – mithilfe von Diaz› Heilkräuterrezepten, Zaubersprüchen und Ritualen entsteht der magische Funke, der alles verändern kann!

DIE AUTORIN:
Juliet Diaz ist Afro-Kubanerin und entstammt einer langen Ahnenreihe von heilenden Hexen. Schon im Alter von drei Jahren zeigte sich, dass sie über magische Gaben wie Heilung, Energielesen und Kommunikation mit Verstorbenen verfügt. Diese Fähigkeiten hat sie im Lauf der Jahre verfeinert und systematisch erweitert. Diaz ist überzeugt, dass Magie in jedem Menschen angelegt ist und motiviert ihre Leser*innen und Klient*innen dazu, sich mit diesen angeborenen Kräften zu verbinden. Sie lebt mit ihrer Familie in England.

Juliet Diaz

Witchery

Entdecke die Hexe in dir

Die Schule der Weißen Magie

Aus dem Amerikanischen übertragen von
Diane von Weltzien

WILHELM HEYNE VERLAG
MÜNCHEN

Die Originalausgabe erschien 2019
unter dem Titel *Witchery* bei Hay House UK Ltd.

MIX
Papier | Fördert gute Waldnutzung
FSC® C014496

Penguin Random House Verlagsgruppe FSC® N001967

2. Auflage
Taschenbuchausgabe 08/2024

Redaktion: Sabine Zürn
Covergestaltung: Guter Punkt, München, unter Verwendung des Originalcovers
Illustrationen: 83 123RF/Artemii Sanin; 88 Shutterstock/Artur Balytskyi; all other images 123RF/natashapankina
Druck und Bindung: GGP Media GmbH, Pößneck
Printed in Germany
ISBN: 978-3-453-70490-9

www.heyne.de

Für meinen Gefährten Will Colón.
Ich danke dir dafür, dass du mein Beschützer und mein Wolf bist,
und dass du bei meiner Entwicklung an meiner Seite warst.
Für meine Kinder Aidan und Myka.
Ich danke euch dafür, dass ihr mein Segen seid.
Ihr habt mein Leben auf die magischste Weise verändert.
Für meine Ahnen und Geistführer.
Ich danke euch dafür, dass ihr an meiner Seite seid
und mich bei jedem Atemzug leitet.

Eine Hexe zu sein bedeutet,
die eigene Wahrheit in all ihrer Kraft
zu verkörpern.

Inhalt

Liste der Rituale, Sprüche, Tränke und Anwendungen

Rituale

Zauber

Tränke

Anwendungen

Der Hexengarten der Kräutermagie

Liebe anziehen:

Ein gebrochenes Herz heilen:

Schutz:

Deine Reise antreten

Eine Hexe zu sein hat nichts mit faulem Zauber oder irgendwelchen Tricks zu tun. Es geht auch nicht um das, was du kaufst, trägst, in den sozialen Medien postest, oder darum, wie du dich verhältst. Eine Hexe zu sein verleiht dir die Macht, dich selbst zu heilen, dein Leben zu verändern, die Welt umzugestalten und die Verwirklichung deiner Träume herbeizuführen. Mit diesem Buch unterstütze ich dich dabei, eine Hexe zu werden und dich mit der Magie zu verbinden, die du bereits in dir trägst. Ich bringe dir bei, wie du das hinter dir lassen kannst, was dich nicht weiterbringt, wie du dein authentisches Ich befreist und zur Verkörperung deiner Wahrheit wirst. Außerdem lernst du die Fertigkeiten und Techniken kennen, die du brauchst, um echte Magie zu bewirken.

Ich bin Kubanerin mit indianischen Wurzeln und stamme von einer langen Linie von Hexenheilerinnen ab. Wir glauben, dass man Körper, Geist und Seele mithilfe natürlicher Medizin und der Führung durch die Ahnen heilen kann.

Aber du musst nicht in eine Familie mit Hexentradition hineingeboren worden sein oder durch ein geheimes Aufnahmeritual initiiert werden, um eine Hexe zu sein – dazu stehen dir unendlich viele Wege zur Verfügung. Mir wurde beigebracht, dass jede Hexe mithilfe der überlieferten Methoden ihre eigene magische Kunst so entwickeln soll, dass sie sich genau richtig anfühlt. Dann ist sie am wirkungsvollsten. Meine Magie ist meine ganz eigene harmonische Mischung aus Anwendungen, Erfahrungen und Lehren, die genau zu mir passt. Wie entscheidend es ist, die eigene Kunst sowohl zu entwickeln als auch zu nutzen, ist eine der wichtigsten Lektionen, die ich in meinem Leben gelernt habe. Ich will sie mit diesem Buch an dich weiterreichen.

Mehr Frauen als je zuvor spüren in ihrem Inneren das lodernde Feuer der Hexe. Doch unsere Begabung bedeutet nicht nur, dass wir nach unserer Wahrheit suchen und uns selbst annehmen müssen. Wir spüren die brodelnde Erde unter unseren Füßen, weil die Erde, unsere Mutter, uns braucht! Die besondere Verbindung von uns Hexen zur Hexe ermöglicht es uns, die von ihr geliehene magische Energie zu ihr zurückzuleiten. Doch heute, in einer Zeit, in der die Erde von den Menschen verwüstet wird, muss noch viel mehr getan werden. Indem sich die Hexe in dir aus der Tiefe deiner Seele erhebt, kannst auch du der Erde ihre Magie zurückgeben und dazu beitragen, dass sie gesund und lebendig bleibt.

Auch wenn ich aus einer seit Langem praktizierenden Familie stamme, musste ich mich dennoch bewusst dafür entscheiden, eine Hexe zu sein. Ich musste meine eigene Wahrheit erkennen und die Entscheidung treffen, mit ihre Entwicklungen zu leben. Mir gefällt die Idee, dass Hexen deshalb fliegen können, weil sie sich nicht fürchten, in ihr Innerstes hinabzutauchen. Denke immer daran, dass diejenigen, die dein Licht nicht sehen, in ihrer eigenen Dunkelheit gefangen sind. Liebe Hexen, ihr seid dazu bestimmt, euch zu erheben! Alle Lebewesen sind Kinder der Erde; wir kommen alle aus dem gleichen Kessel. Deine Macht wurde in dir angelegt, lange vor deinem ersten Atemzug. Du brauchst nicht nach der Anerkennung von anderen zu suchen – die nötige Bestätigung findest du in dir selbst.

Ich habe jahrelang praktiziert und geübt, um an den Punkt zu gelangen, an dem ich mich heute befinde, und um die strahlende Hexe zu sein, die ich jetzt bin. Auch du kannst dich deiner Berufung und deiner eigenen Wahrheit stellen und die Welt mit deiner Magie ein wenig heller machen!

Es ist an der Zeit, dass du die Hexe in dir entdeckst.

Ritual zur Weihung dieses Buches

Dieses Buch ist voll von Weisheit, Magie und Liebe und wartet nur darauf, dass du es für deine Reise nutzt. Indem du es salbst, verbindest du dich mit ihm auf eine tiefe, spirituelle Weise. Im Gegenzug wird es dir mehr Weisheit schenken, als du dir jemals hättest vorstellen können. Die Salbung des Buchs wird außerdem den in seinen Seiten verborgenen Zauber aktivieren, der deine Verbindung zu ihm vergrößert und das Buch zu deinem Führer macht.

Was du brauchst:

Getrockneten Beifuß, entweder lose oder als Bund; oder Räucherwerk – vorzugsweise Weihrauch, Myrrhe oder Palo Santo

Eine kleine Schüssel

1 Handvoll Reis

1 Prise Salz

Eine weiße Kerze in einem sicheren Kerzenständer (für dieses relativ kurze Ritual reicht eine kurze Leuchterkerze aus)

1 Tasse (250 ml) Wasser

Wie es geht:

- Bevor du mit deiner magischen Arbeit beginnen kannst, musst du deine Umgebung, dich selbst und deine Hilfsmittel von negativen Energien reinigen. Dies geschieht mit dem Räucherwerk, den Harzen oder Kräutern (lose oder als Bund). Ich selbst verwende bei Reinigungen am liebsten Beifuß, Weinraute, Rosmarin, Palo Santo, Weihrauch, Myrrhe, Bernstein (fossiles Harz) und Kopalharz (subfossiles Baumharz). Spezielle Sprüche erfordern für die Reinigung auch spezielle Kräuter, Harze oder Räucherwerk.
- Verwende Streichhölzer, um das Räucherwerk oder die Kräuter anzuzünden (und die Kerzen, falls du welche verwendest), dann blase die Flammen aus, damit nur die Glut bleibt und sich ein wenig Rauch entwickelt. Harze und lose Kräuter kann man auf unterschiedliche Weise verbrennen. Am verbreitetsten ist die Methode, eine kleine Menge auf ein kleines Holzkohlebrikett zu legen. Nimm deine Räucherung dort vor, wo du arbeitest oder, falls du eine tiefer gehende Reinigung wünschst, trage das Räucherwerk umher und auch durch angrenzende Räume, wenn du willst. Lösche es, bevor du mit deiner eigentlichen magischen Arbeit beginnst oder lass es brennen, bis es von alleine erlischt.
- Lasse den Reis in deine Hand gleiten und führe ihn zu deinen Lippen. Blase vorsichtig auf den Reis und zähle bis drei. Stell dir dabei vor, dass dein Atem dem Reis einen goldenen Glanz verleiht. Dann gib ihn in die Schüssel. Bestreue den Reis mit dem Salz und sprich dabei die Worte: »Eine Prise Salz schadet nicht. Sie verleiht dem Ritual Gewicht.«
- Nimm das Buch und lege es vor dich hin. Zünde die Kerze an und halte sie in deiner rechten Hand. Führe die Kerze dreimal gegen den Uhrzeigersinn um das Buch herum und sage da-

bei die Worte: »Mit dieser Flamme gewähre ich dir Zugang zu meiner Reise. Führe mich, führe mich, führe mich.« Lösche die Kerze und nimm eine Handvoll Reis. Bestreue damit das Buch und sage: »Ich weihe dich, ich weihe dich, ich weihe dich.« Du kannst die Kerze für weitere magische Arbeiten aufbewahren, wenn du möchtest.

- Tauche deine Finger in das Wasser und ziehe damit auf deiner Brust über dem Herzen einen Kreis, während du sprichst: »Ich bin bereit, meine innere Hexe zu erkennen.«
- Du bist nun mit der Magie verbunden und verpflichtest dich zu einer klaren, konzentrierten Fortsetzung deiner magischen Reise.

Teil eins:

Grundlagen

Was ist Magie?

Magie ist sehr real; es gibt sie wirklich. Weil ich der Magie vertraue und an sie glaube, bin ich von ihr durchdrungen und von ihr umgeben. Magie ist auch in dir und um dich herum lebendig – vielleicht musst du nur dein Empfangsgerät ein wenig genauer einstellen. Auch wenn du bisher nicht an Magie geglaubt hast, sie ist trotzdem da und verschwindet nie. Sie ist ein Teil von dir und macht dich zu der, die du bist.

Jedes Dasein in unserer Welt – das Meer, die Bäume, die Berge, Tiere und Menschen – ist lediglich *ein* Aspekt der Wirklichkeit. In der Mehrzahl übernehmen diese Seinszustände Rollen, damit unsere Anwesenheit hier auf der physischen Ebene funktioniert – wir sehen, hören und fühlen sie in diesen übernommenen Rollen. Doch was sie jenseits unserer physischen Wahrnehmung sind, entgeht uns: Energien, Geister und andere überirdische Wesen. Wir alle sind energetische Verkörperungen. Mit unserem Tun senden wir auf der Basis unserer Intention, unseren Absichten Signale an das kollektive Netz, an die eine gemeinsame Wirklichkeit, an der wir alle miteinander weben. So erschaffen wir Magie und machen sie für uns nutzbar.

Halten wir einen Augenblick inne, um herauszufinden, was Magie für dich bedeutet. Vergiss die Definitionen, die andere sich ausgedacht haben. Es zählt allein, was *dir* Magie bedeutet. Nur du kannst erklären, wie sie sich – von deinem Herzen ausgehend und auf der Basis deiner Erfahrungen – für dich anfühlt. Jeder versteht unter Magie etwas anderes, und deshalb ist es so wichtig, dass du anfängst, genau auf dich selbst zu achten. Wir sind inzwischen so darauf programmiert, außerhalb von uns nach Antworten zu suchen, dass wir oft durcheinander sind, uns wie abgeschnitten oder einsam fühlen. Erinnere dich: Du selbst bist Magie – das hat sich schon früher gezeigt, auch wenn du dich nicht daran erinnerst. Sobald du wieder in Verbindung zu dem Menschen stehst, der du tatsächlich bist, und deine in dir wohnende Macht anerkennst, wird dir deine Magie täglich begegnen.

Für mich ist Magie bedingungslose Liebe. Sie hat sich mir immer dann offenbart, wenn ich sie am meisten brauchte. Meine Kindheit war von Armut, Angst und Missbrauch geprägt. Nur die von Magie getragenen Momente sind mir liebe Erinnerungen.

Ich weiß noch, wie mir die Magie zum ersten Mal begegnete. Ich saß auf dem Küchentisch, meine blassen und schmutzigen Beine baumelten über dem Rand. Ich war zwei Jahre alt und hatte solche Halsschmerzen, dass ich kaum sprechen konnte. Meine Mutter war tief versunken im Reich ihrer liebsten Magie – ihre bezauberndste Begabung war die Küchenhexerei. Sie sah nie schöner aus, als wenn sie in der Küche war und dort mit ihren Kräutern und Töpfen über flackerndem Feuer hantierte. Die zarten Spitzenvorhänge tanzten im Wind, der Duft von Basilikum, Zitrone und Koriander verfing sich in meinen Haaren und ihre Hüften schwangen zum Klang der Trommeln im Radio.

In meiner Erinnerung bereitet sie mir nach eigenem Rezept eine Suppe zu. Der Duft berauscht mich, noch bevor ich das heilsame Gebräu überhaupt gekostet habe. Dann kommt sie mit einem Löffel zum Probieren. Ich spüre die Magie im Dampf über dem Löffel und ihre Liebe, die sie auf die Suppe bläst, um für mich die Hitze zu vertreiben. »Mmmmm, lecker, Mama.« »Nicht zu salzig?« »Nein, Mama.«

Bis heute erschafft meine Mutter ihre beste Magie in der Küche. Sie kühlt noch immer den Löffel mit ihrem Atem unmittelbar bevor sie mich etwas probieren lässt und stellt mir die gleiche Frage. Eigentlich will ich ihr sagen, dass es nie zu salzig ist und dass sie nicht mehr zu fragen braucht. Doch dann erinnere ich mich, dass Magie in allem sein kann, auch im scheinbar unbedeutendsten Detail, und dass Magie immer anwesend ist, wenn meine Mutter einer Speise auf einem Löffel ihre Liebe einhaucht. Wenn Magie bei meiner Mutter auf diese Weise in Erscheinung tritt, dann sollte ich sie genauso willkommen heißen und akzeptieren. Wir alle haben die Aufgabe, auf diese zarten Augenblicke im Leben zu achten, die so oft von der groben Wirklichkeit überlagert werden. Nimm sie als Magie an, die sich dir zeigt, wenn du sie brauchst, und dich in eine warme Umarmung einhüllt.

In der Magie geht es nicht immer darum, Macht auszuüben oder die eigenen Wünsche zu manifestieren (auch wenn wir uns in einem späteren Kapitel genau diesen Themen zuwenden werden). Du musst lernen, sie in allen ihren unterschiedlichen Schattierungen zu erkennen, und begreifen, dass sie in allen Details des Lebens existiert. Ein Spaziergang im Wald und die Freude an den Sonnenstrahlen, die zwischen den Bäumen hindurch ihren Weg auf den Boden finden, ist Magie. Die Hand meines kleinen Sohnes, die sich auf dem Weg in die Schule in meine schiebt, ist Magie. Das Strahlen in den Augen meines größeren Sohnes, der mir aufgeregt von einem Ereignis in der Schule berichtet, ist

Magie. Der zärtliche Kuss, den mir mein Mann auf die Stirn gibt, bevor er sich auf den Weg zur Arbeit macht, ist Magie. Es kann auch magisch sein, Schmerzen zu erleiden, Verzweiflung zu ertragen und Not zu erdulden und zugleich trotzdem irgendwie das Licht am Ende des Tunnels zu sehen.

MIT DEINER PERSON IST EINZIGARTIGE
MAGIE VERBUNDEN, DIE NUR FÜR DICH BESTIMMT IST.
EIN LIEBESVERHÄLTNIS, DAS IN JEDER HINSICHT
SÜNDHAFT HEILIG IST.

Sei achtsam mit deinem Leben: Nimm die Magie wahr, von der es durchströmt wird. Lerne, still zu sein und mit allen deinen Sinnen wahrzunehmen. Beachte die Augenblicke, die Gefühle in dir auslösen und die dich innehalten lassen und sei es nur für eine Sekunde.

Während ich diese Zeilen schreibe, umschmeichelt mich ein köstlicher Windhauch, der mich in eine andere Welt zieht. Mein Geist wird still, und ich höre sofort auf zu schreiben, damit ich dem Ereignis meine ganze Aufmerksamkeit schenken und mein Körper die Leidenschaft zwischen Magie und Selbst voll auskosten kann. Ich gebe der Magie Raum, und sie wird sich mir weiterhin in allen erdenklichen Formen von Zärtlichkeit zuwenden. Hast du je die innige Liebe zu deiner eigenen Gegenwärtigkeit gespürt? Zum Klang der Nacht oder zur Wärme der Sonne? Zur sanften Stimme des Windes oder zu der des brüllenden Sturms? Ganz gewiss, auch wenn es dir vielleicht noch nicht bewusst geworden ist. Sich auf diese Weise mit sich selbst zu verbinden ist das Geschenk, das jedem Menschen angeboren ist.

Eine innige Verbindung, wie sie nur im Liebesakt möglich scheint, ist kein ausschließlich physisches Phänomen. Vielmehr ist sie ein derart überwältigender Akt des Geistes, bei dem die Grenzen der Körperlichkeit überwunden werden. Das heißt es, sich zu vereinen.

INNIGE VEREINIGUNG FÜHLT SICH ORGASMISCH AN, WENN DU ES DIR GESTATTEST, SIE STILL ZU BESTAUNEN.

Halte diese Augenblicke fest, notiere sie und beschreibe genau deine Empfindungen. Mit der Zeit werden sie noch größere Kraft entwickeln und häufiger in Erscheinung treten. Und wenn du solche Augenblicke auf diese Weise erlebst, möchtest du ihnen so oft wie möglich begegnen. Das kannst du mir glauben. Du brauchst ihnen lediglich ausreichend Beachtung zu schenken.

Die Macht einer magischen Haltung

Ich bezeichne die Eigenschaften unserer ureigensten Energie, unserer ganz persönlichen Schwingung, als »magische Haltung«. Diese Eigenschaften nehmen Einfluss auf alles, was in unserem Leben geschieht oder nicht geschieht. Deine magische Haltung bestimmt darüber, was du mit deiner Magie manifestieren kannst. Ohne das Wissen um diese Zusammenhänge können deine Wünsche niemals in Erfüllung gehen. Deine Sprüche, Intentionen und Rituale werden ihre volle Wirkung nicht entfalten und vielleicht nicht einmal im Ansatz funktionieren.

Auch die Einstellung zu dir selbst spielt eine wichtige Rolle. Was wir über uns denken und wie wir emotional zu uns stehen, beeinflusst direkt unsere Magie und ihre Fähigkeit, das zu manifestieren, was wir uns wünschen. Stell dir vor, du wärst ein Paket. Der Anblick und die Beschaffenheit seiner Verpackung werden von allem beeinflusst, was sich im Inneren des Packstücks befindet – in spiritueller wie in physischer Hinsicht. Unser Ziel ist es, das Paket Schicht um Schicht auszuwickeln, bis wir zum Inneren gelangen, zum Kern, zum Zentrum, zum Samenkorn, zur Seele. Bis hin zur Macht.

Das Gesetz der Anziehung besagt, dass Positives Positives manifestiert und dass Negativität nichts als Negativität hervorbringen kann. Das Gleiche gilt für Magie. Bei meinen Schülern ist mir aufgefallen, dass sie beim Manifestieren ihrer Sprüche und Intentionen immer mit ihren Erwartungen in Konflikt geraten. Doch Erwartungen haben Einschränkungen zur Folge. Wenn du Schranken errichtest, sagst du deiner Magie, dass du nur eingeschränkte Ergebnisse erwartest, und nur damit darfst du dann auch rechnen. Erforderlich ist es jedoch, in allem Potenzial zu sehen und überzeugt zu sein, dass alles möglich ist. Deine magische Haltung ist entscheidend, wenn du ein bestmögliches magisches Leben führen willst.

Deine magische Haltung verlangt von dir Folgendes:

Sei für dein Handeln verantwortlich

Es ist an der Zeit, dass du für dein Handeln Verantwortung übernimmst. Anderen Menschen oder äußeren Umstände für dein Handeln die Schuld zu geben, reicht als Rechtfertigung nicht aus und verhilft dir nicht zur Manifestation deiner magischen Haltung. Erinnere dich also immer wieder daran, dass du bei allem, was du sagst und tust, eine Wahl hast und eine Wahl triffst.

Umgebe dich mit positiv gestimmten Menschen

Halte dich ausschließlich in der Gesellschaft von Menschen auf, die dich unterstützen, dich inspirieren und deine Leistungen anerkennen. Trenne dich von Menschen in deinem Leben, die von Negativität, Gier und Neid erfüllt sind. Verschwende deine kostbare Zeit auf der Erde nicht an jemanden, der seinen Pessimismus bei dir ablädt, sonst gehst du mit ihm unter.

Überprüfe dich selbst

Achte auf deine Einstellung und deine Ausstrahlung. Erkenne, wann du einen Schritt zurücktreten musst, um deine magische Haltung neu auszurichten. Nimm dir Zeit, um deine Wahrheit und deine Bestimmung wieder in Einklang zu bringen, um dich zurück in deinen Körper zu führen. So kannst du deine energetische Frequenz steigern, Negativität reduzieren und einen höheren Bewusstseinszustand erlangen.

Bewahre eine positive Einstellung

Übernimm die Kontrolle über deine Gedanken und lerne, den Fallen des Geistes auszuweichen. Sieh immer das Gute in den Dingen und versuche, dich auf das beste Ergebnis in jeder Situation zu fokussieren. Mach dir klar, dass Überreagieren ein direkter Weg in die Angst sein kann. Nimm den Mittelweg, der frei von Erwartungen ist.

Denke daran: Dinge gehen schief

Wenn dir etwas misslingt, erinnere dich daran, wie weit du schon gekommen bist und wie stolz du berechtigterweise bereits jetzt auf dich sein kannst. Akzeptiere, dass etwas dumm gelaufen ist, und räume hinterher mit erhobenem Haupt auf. Du weißt, dass du selbst dein strengster Kritiker bist; dass du selbst deine Negativität im Inneren fütterst. Stärke lieber deine Seele.

Setze dir realistische Ziele

Es gibt keine Beschränkungen für die Manifestation deiner Intentionen, trotzdem solltest mit realistischen, erreichbaren

Zielen anfangen und den Veränderungen Priorität geben, die in deinem Leben tatsächlich am wichtigsten sind.

Packe deine Alltagsprobleme an

Stelle dich den Schwierigkeiten, die sich ungünstig auf deine Schwingung auswirken, und finde einen produktiven Weg, mit ihnen umzugehen. Falls du dazu einen Moment innehalten musst, dann tue es: Gute Ergebnisse lassen sich niemals mit Wut erreichen. Lass deine ersten emotionale Reaktion vorübergehen und wende dich dem Problem erst mit ruhigem Herzen und klarem Verstand zu.

Mache dir bewusst, dass es selten wirklich so schlimm ist

Höre auf, gegen Windmühlen zu kämpfen und Mücken in Elefanten zu verwandeln. Deine Gefühle dürfen nicht die Führung übernehmen.

Erkenne das Leben als Segen an

Konzentriere dich auf das, was du schon hast und was in deinem Leben wirklich wichtig ist. Lass dich nicht dazu verleiten, dich nur mit dem zu befassen, was du nicht haben kannst oder nicht hast. Sei dankbar.

Glaube an dich

Du bist stärker, als du denkst, und mächtiger, als du glaubst. Sei selbst dein größter Fan und feuere dich an. Du kannst das! Du bist Magie!

Vergleiche dich nur mit dir selbst

Deine Reise gehört dir alleine. Fremde Leistungen und Siege sind nicht gleich deine Niederlagen. Lass dich stattdessen von ihnen inspirieren und finde heraus, wie sie dir weiterhelfen. Konzentriere dich darauf, wie du leben willst, statt andere dafür zu kritisieren, wie sie leben. Kannst du erkennen, worum es hier geht? Der einzige Mensch, mit dem du dich kritisch auseinandersetzen sollst, bist du selbst.

Sei du selbst

Falls du nicht weißt, was das bedeutet, dann verabschiede dich von dem, was sich nicht in dir widerspiegelt. Erfülle dein Leben mit dem, was dich glücklich macht und was dich wirklich berührt. Denke nicht darüber nach, wie du aussehen oder wie du handeln *solltest*: Du bist einzigartig.

Schütze deine Energie

Halte dich von Energievampiren – Menschen, die deine Magie aus dir heraussaugen – so fern wie möglich. Den meisten von ihnen ist ihr Tun nicht einmal bewusst, aber du musst wachsam bleiben. Sei dir über deine Ausstrahlung immer im Klaren. Falls du dich mit bestimmten Menschen oder in bestimmten Situationen irgendwie unwohl fühlst und dir etwas nicht richtig vorkommt, oder wenn ein Mensch oder ein Umstand verhindert, dich gut zu fühlen, dann halte dich fern.

Nimm dir Zeit für deine Gefühle

Wir sind oft so mit allem Möglichen beschäftigt, dass wir nicht auf unsere Gefühle achten. Doch wenn wir negative Gefühle ignorieren, dann häufen sie sich in uns an und blockieren uns emotional und physisch. Nimm dir also jeden Tag Zeit dafür, dich still hinzusetzen, die Augen zu schließen, zu entspannen und dich in Ruhe auf deine Gefühle zu konzentrieren. Bist du erschöpft? Bist du gestresst? Gibt es etwas, was dich insgeheim ärgert? Wende dich diesen Gefühlen zu, erkenne sie an und baue sie damit ab.

Dein Denken und Empfinden haben die Macht, auf alles in dir und um dich herum Einfluss zu nehmen. Natürlich wirst du Hindernissen begegnen, aber sie sind nicht gleichbedeutend mit einer Niederlage. Betrachte sie als Fingerzeige des Kosmos darauf, dass etwas aus dem Gleichgewicht geraten ist oder nicht funktioniert. Ihr Vorhandensein bedeutet, dass du bereits im Geist der Magie handelst und versuchst, die von dir gewünschte Welt zu manifestieren. Also mach dich locker.

Der Wahnsinn der Entwicklung hat Methode, und die kann wahrhaftig qualvoll sein. Übung und Hingabe sind erforderlich, doch schon bald kannst du Fülle, Reichtum, gesunde Beziehungen und alles andere manifestieren, wonach sich dein Hexenherz sehnt.

Fragen und Antworten für neue Hexen

Falls du meinst, eine Hexe zu sein bedeute nur, sich ein paar Sprüche auszudenken und mit einem Zauberstab herumzuwedeln, irrst du dich. Es stimmt, wir arbeiten mit Magie, aber was noch viel wichtiger ist: Wir *werden* zu Magie. Sie ist wie eine zweite Haut, in der wir uns einrichten und mit jedem Atemzug Einfluss auf unsere Umwelt nehmen.

Es gibt Fragen, die sich eine noch unerfahrene Hexe vielleicht stellt, wie zum Beispiel: Ist Magie etwas Schlechtes? Oder: Welche verschiedenen Arten von Hexen gibt es?

Nachfolgend also die Fragen, die mir am häufigsten gestellt werden und die jede zukünftige Hexe beantworten können sollte, bevor sie die Welt der Magie betritt.

Gibt es verschiedene Arten von Hexen?

Ja, man kann sich als Hexe zwischen unterschiedlichen Wegen entscheiden. Dabei ist jedoch zu bedenken, dass jede Hexe ihrem selbst gewählten Weg eine eigene persönliche Ausprägung gibt. Beschäftige dich mit den unterschiedlichen Fertigkeiten,

Philosophien und Praktiken und übernimm für dich immer nur das, womit du eine Verbindung herstellen kannst. Deine Herangehensweise ist ständiger Veränderung unterworfen, genauso, wie du dich selbst fortlaufend veränderst. Bleibt im Fluss wie das Wasser, liebe Hexen!

Kann ich das glauben, was ich über die Hexerei lese?

Viele Bücher und Berichte über Hexenkunst fußen auf persönlichen Auffassungen. Es gibt beispielsweise zahlreiche Publikationen von den Anhängern der Wicca-Religion, die natürlich ihre ganz eigenen Meinungen vertreten. Gleiches gilt für andere Strömungen. Indem man die Biografie eines Autors liest, erfährt man für gewöhnlich am besten, welcher Richtung er angehört. Lass dich nicht entmutigen, wenn du dich anfangs zu keiner Strömung, über die du dich informierst, hingezogen fühlst. Habe Geduld und mache mit deinem Studium und deinen Nachforschungen einfach weiter.

Kann ich als Hexe meine bisherige Religion beibehalten?

Die meisten Schülerinnen meiner Schule für heilkundige Hexen *November Sage Herbarium* gehörten oder gehören noch immer einer Religion an. Unter anderem kenne ich katholische und jüdische Hexen oder solche, die aus dem Voodoo kommen. Es spricht nichts dagegen, einer Religion anzugehören und zugleich als Hexe zu praktizieren. Mach dich also frei von dem, was andere möglicherweise davon halten, und tu, was sich für dich richtig anfühlt – immer vorausgesetzt, du schadest keinem anderen damit.

Wie schnell kann ich Hexe werden?

Echte Magie hat nichts mit der Art Zauberei zu tun, wie du sie aus den Harry-Potter-Filmen beziehungsweise den Serien wie *Sabrina* oder *Charmed* kennst. Wir können nicht einfach unseren Zauberstab zücken und im Bruchteil einer Sekunde auf magische Weise irgendwelche Dinge geschehen lassen (und auf einem Besen fliegen können wir schon gar nicht!). Bis sich Ergebnisse zeigen, kann viel Zeit vergehen – selbst bei vollkommener Hingabe und ständigem Üben kann es zwei oder drei Monate dauern, bevor sich der Einsatz auszahlt. Kleine Veränderungen mögen allerdings auch bereits nach zwei oder drei Wochen eintreten. Genauso gut kann es aber auch sein, dass gar nichts geschieht. Ich bin tief davon überzeugt, dass jeder Mensch eine Hexe sein kann, doch allein es zu behaupten, macht dich noch nicht zu einer Hexe. Du musst den erforderlichen Einsatz leisten, Magie jeden Tag leben und buchstäblich atmen. Sei geduldig und übe, übe, übe! Und dann übe noch etwas mehr!

Brauche ich einen Lehrer?

Es ist wunderbar, Lehrer zu haben, die dir auf deinem Weg weiterhelfen. Und noch besser ist es, wenn sie es dir erlauben miterleben, wie sie selbst Magie ausüben. Halte dich jedoch von Lehrern fern, die dir ihre Arbeitsweise aufzwingen wollen, die dir unangenehm sind oder dich kleinmachen. Wenn du mit deinem Lehrer nicht vollkommen zufrieden bist, dann gib ihn auf und arbeite lieber allein. Und falls du eine Form von Misshandlung erfährst, dann mach den Mund auf. Kein Mensch verdient es, physisch oder emotional verletzt zu werden. Du bist unvergleichlich, kostbar und heilig.

Muss ich besondere Kleidung tragen?

Es gibt keinen bestimmten Kleidungsstil für Hexen. Was du dir möglicherweise vorstellst, haben sich die Medien ausgedacht. Mir war das von frühester Kindheit an klar, denn jede der Hexen in meiner Familie zog sich anders an, und ich habe schnell erkannt, dass jede dabei einfach ihren eigenen Vorstellungen folgt. Ich habe Hexen kennengelernt, die sich gothic, mit Blumenmustern, Roben, viktorianischen Kleidern, mit Jeans und T-Shirt, Bikerjacken, bei Primark oder Prada einkleiden. Und du musst auch nicht Schwarz tragen, es sei denn, das ist die Farbe, die du sowieso am liebsten trägst. Du solltest das anziehen, was du willst!

Unterscheiden sich schwarze und weiße Magie?

Magie und Hexenkunst lassen sich nicht auf Weiß oder Schwarz, Gut oder Schlecht, reduzieren. Es gibt einfach beides. Du bist es, die entscheidet, was du mit dieser Macht anfängst. Ja, es gibt furchtbare Menschen, die Magie nutzen, um anderen zu schaden. Die Verstrickung in solche negativen Energien mindert deine eigene energetische Schwingung und gewährt feindlichen Geistern Zugang zu deinem Leben. Nutze deine Intuition; falls sich jemand oder etwas falsch anfühlt, geh auf Abstand oder wende dich ganz davon ab. Beschütze dich, indem du dich nicht auf negative Menschen oder Situationen einlässt. Es gibt Kräuter, Kristalle und Edelsteine, auf die du dich stützen kannst, um dich zu schützen.

Muss ich den Teufel anbeten?

Religionen, die Medien und die Kunst haben Hexen oft als böse Frauen dargestellt, die sich in sogenannter »schwarzer« Magie versuchen, und sie als Teufelsanbeterinnen bezeichnet. Doch wird man nicht zur Hexe, nur weil man den Teufel anbetet oder an irgendwelche Dämonen glaubt. Du entscheidest darüber, wen oder was du anbetest. Eine bestimmte Gottheit oder Satan anzubeten hat nichts mit Hexenkunst zu tun, sondern ist die individuelle Entscheidung.

Gehören Hexen immer zu einem Hexenzirkel?

Es ist allein deine Entscheidung, ob du dich einem Hexenzirkel beziehungsweise einem Konvent anschließen möchtest, der regelmäßig in der Gemeinschaft Magie wirkt, Rituale oder Zeremonien feiert. Viele Hexenzirkel haben ihre eigenen Regeln und Überzeugungen. Du musst dich also zunächst einmal selbst finden, bevor du dich irgendeiner Gruppe anschließen kannst. Wenn du allerdings einen Konvent findest, mit dem du dich verbunden und wohlfühlst, dann nur zu! Heutzutage sind Hexenzirkel flexibler und gehen besser auf individuelle Bedürfnisse und Erfahrungen ein als früher.

Außerdem besteht immer die Option, deinen eigenen Hexenzirkel zu gründen. Neunzig Prozent der Zeit praktiziere ich alleine, doch auch ich habe einen Konvent ins Leben gerufen, um mich an der Gesellschaft anderer Hexen zu erfreuen. Wir treffen nicht immer nur zusammen, um magisch zu arbeiten – wir gehen auch miteinander essen, unternehmen Wanderungen, um der Erde zu danken, oder leisten gemeinnützige Arbeit. Das Wichtigste an einem Zirkel ist, dass er sich für dich gut und richtig anfühlt.

Im weiteren Verlauf dieses Buches wirst du Antworten auf die meisten anderen Fragen finden, die sich dir als Hexe vielleicht noch stellen. Lies also einfach weiter.

Entfessle deine Macht

Es ist nie zu spät für dich, einen Zugang zu deiner Magie zu finden. Sie wohnt in der inneren Hexe, die jede von uns in sich trägt – ganz gleich, welche Hautfarbe wir haben, welcher Religion wir zugehören, welche Herkunft wir haben, welche Karriere wir verfolgen oder welche Meinungen oder Ästhetik wir vertreten – alle diese Äußerlichkeiten spielen letztlich keine Rolle. Die Hexe in dir ist die Verkörperung deines Selbst, das Feuer durch deinen Körper bläst. Deine innere Hexe anzunehmen, setzt deine magische Kraft frei.

Den Zugang zu deiner Macht gewinnst du in dem Augenblick, in dem du an deine Macht glaubst. Du findest deine Wahrheit, indem du verstehst, wer du bist und wer nicht. Du musst bereit sein, dich in deine verborgene Tiefe vorzuwagen, alle alten Schichten von Fehlern abzulegen und deinem unverhüllten Selbst entgegenzutreten. Sich dem Menschen hinter den Schatten zu stellen, kann eine schmerzhafte Erfahrung sein und schmerzhafte Wahrheiten hervorbringen, aber auch Heilung, Selbstliebe und Vergebung. Es ist eine gleichzeitig qualvolle wie segensreiche Enträtselung, doch sobald du die Wahrheit kennst, ist es dir nicht mehr länger möglich, deine Macht zu verstecken. Sie lässt sich nicht mehr zurückhalten.

Mir tut allein die Vorstellung weh, dass Hexen einst ihrem Denken Fesseln anlegen und ihre Macht verbergen mussten. Unsere angeborene Macht wurde zu etwas, was man fürchten musste, wegen dem man sich schämte, zum Gespött. Hexen wurden geschlagen, gefoltert und verbrannt. In tiefem Ernst beanspruchen wir heute unsere Macht erneut für uns und beenden den Widerstreit zwischen Körper und Seele, indem wir Magie endlich wieder als Verbindungsglied zwischen beiden verstehen.

Versuche nicht länger, deine Macht zu verbergen oder zurückzuhalten. Das ist nicht mehr notwendig. Du bist für die Entwicklung des globalen Bewusstseins wichtig. Sei dir bewusst, dass du niemals allein bist – an deiner Seite gehen immer Ahnen, die dich führen.

Drei Schritte ermöglichen die Freisetzung deiner magischen Macht: Befreie dich von deinen Geistern, verbinde dich mit unserer Mutter und führe dein Leben authentisch.

Befreie dich von deinen Geistern

Emotionen, Ereignisse und bestimmte Situationen haben uns verängstigt. Die zurückgebliebenen Narben verfolgen uns wie Geister, eine jede von ihnen raubt uns einen Teil unseres Lichts und verringert unsere magische Kraft. Die Geister alter Narben lasten schwer auf deinem Potenzial. Dich an Schmerz, Groll, Wut und Angst zu klammern hält dich davon ab, dein authentisches Ich, deine Wahrheit mit all ihrer Strahlkraft zu verkörpern. Gib also diese Fragmente deiner Vergangenheit auf, sie bringen dich nicht voran. Befreie dich von deinen alten Dämonen. Lerne, dich so zu akzeptieren, wie du bist, und dich zu lieben, ohne dich dafür zu rechtfertigen.

Badebann zum Vertreiben innerer Geister

Dieser Zauber hat sich für mich bei wichtigen Übergängen, und auch bei der Vertreibung von Geistern aus der Vergangenheit, als hilfreich erwiesen. Er befreit dich nicht nur von unerwünschten Energien, sondern segnet den neuen Weg, der sich vor dir auftut. Du kannst diesen Zauber immer dann anwenden, wenn du das Gefühl hast, Orientierung und Klarheit zu benötigen. Führe ihn nur bei Vollmond durch. Die Tageszeit kannst du frei wählen.

1. Schritt:
Elixier zum Vertreiben negativer Energien

Was du brauchst:

1 Tasse (250 ml) kaltes Wasser
1 Esslöffel Honig
1 Zitronenscheibe
1 zerdrückte Knoblauchzehe
1 Prise Salz
1 Prise getrocknetes Basilikum oder Sternanispulver oder 1 Sternanisfrucht
1 Zweig Rosmarin
1 Lorbeerblatt

Wie es geht:

- Gib alle Zutaten in das Wasser und rühre das Gemisch 1–2 Minuten.

2. Schritt: Ausführung des Zaubers

Was du brauchst:

Für die Reinigung: getrocknete Kräuter (Zeder, Beifuß, Rosmarin, Mariengras oder Lorbeer), entweder lose oder als Bund; oder Räucherwerk (Palo Santo, Kopalharz, Weihrauch oder Myrrhe)

Für das Bad: das Elixier aus dem ersten Schritt;
ein ätherisches Öl wie Zitronenmelisse, Ysop, Weihrauch, Bergamotte oder Lavendel, das du als entspannend empfindest
2–3 Handvoll frische Blütenblätter von einer beliebigen Blume
1 Tasse (300 g) Himalaja- oder Meersalz

½ Tasse (50 g) 1 oder 2 getrocknete Kräuter, etwa Rosmarin, Basilikum, Fenchel oder Weinraute

Eine weiße Kerze

wahlweise Kristalle, die befreiend wirken, wie etwa Rauchquarz, oder die Liebe und Heilung fördern, wie Rosenquarz

Wie es geht:

- Reinige mit dem Rauch, der beim Verbrennen der getrockneten Kräuter oder des Weihrauchs entsteht, das Badezimmer, deine Werkzeuge und dich selbst.
- Fülle die Badewanne in einer für dich angenehmen Temperatur; gib das Elixier aus dem ersten Schritt hinzu sowie 4–6 Tropfen des von dir bevorzugten ätherischen Öls, die Blütenblätter, das Salz und die von dir gewählten Badekräuter. (Ich selbst hole gerne alles aus den Kräutern heraus, indem ich sie etwa 10 Minuten in Wasser koche und dann diesen abgekühlten Sud meinem Badewasser hinzufüge.)
- Verteile deine Kerze und die Kristalle rings um die Badewanne und lösche oder dimme dann das Licht.

- Halte die noch nicht angezündete Kerze vor deine Brust, schließe die Augen und mache drei tiefe Atemzüge. Verbinde deine Energie mit der Energie der Kerze. Spüre, wie die Wärme deiner Hände in die Kerze strömt, und stell dir ein bernsteinfarbenes Licht darin und um die Kerze herum vor. Sprich dann die folgenden Worte: »Bernsteinfarbenes Licht aus meiner Seele tritt ein in diese Kerze und setze dich in ihr fest. Befreie mich von den Dingen, die mich bisher an ein Ich gebunden haben, das nicht das meine ist. Lass mich so sein, wie ich wirklich bin – als helles Licht mit einem wahren Ich.« Passe die Worte bei Bedarf an.
- Nun stelle die Kerze irgendwo im Badezimmer auf und zünde sie an. Lasse sie brennen, bis du deinen Zauber abgeschlossen hast.
- Knie dich neben die Badewanne und danke dem Wasser für die Heilung, mit der es dich segnen wird. Dann verabschiede dich sanft von deinem alten Ich.
- Setze dich jetzt in die Wanne und bleibe so lange in dem heilenden Wasser, wie es dir angenehm ist. (Solltest du gerade deine Periode haben, dann mach dir keine Sorgen, sie wird die Magie sogar noch verstärken, und am Ende des Zaubers wirst du ohnehin duschen.) Schließe deine Augen, komm zur Ruhe und denke an die Dinge, von denen du dich befreien möchtest, bis du das Gefühl hast, dass sie sich von dir lösen. Stelle dich den Emotionen, die mit ihnen verbunden sind, erlaube dir, sie zu fühlen, und lasse sie dann frei. Halte nichts zurück: Falls du meinst schreien zu müssen, nur zu. Lass alles raus!
- Sobald du das Gefühl hast, fertig zu sein, lass das Wasser ab, wobei du so viel wie möglich von den Kräutern und Blütenblättern zurückbehalten solltest.

- Ist das Wasser abgelaufen, dann dusche dich kalt ab. Halte das kalte Wasser aus – du bist eine Hexe! Du kannst das! Während du dich wäschst, stellst du dir vor, dass dich das Wasser mit Licht füllt.
- Nach einer solchen Freisetzung musst du viel trinken und dich ausruhen, also nimm dir für beides Zeit. Benutze solange keine technischen Geräte.
- Sobald ein guter Zeitpunkt gekommen ist, entledige dich der übrig gebliebenen Kräuter und Blütenblätter an einer Wegscheide oder einem Ort mit Blick nach Osten, am besten auf nackter Erde, damit sie Mutter Erde aufnehmen kann.

Verbinde dich mit unserer Mutter

Die Erde ist unsere Mutter. Sie schenkt uns Leben und nährt uns. Sie ist der Schoß, aus dem wir alle als ihre Kinder kommen. Sich mit Mutter Erde zu verbinden bedeutet nicht, dass du begeistert wandern oder es dir zwischen Mücken gemütlich machen musst. Es bedeutet einfach, dass du deine Energie mit der Energie der Erde verbindest. Zu wissen, welchen Einfluss die Jahreszeiten auf dich nehmen, ist entscheidend für deine magische Kraft. Du kannst deine magische Kraft sogar verstärken, indem du dich an der jeweiligen Jahreszeit, dem Punkt im Jahreszyklus oder astrologischen Ereignissen orientierst. Deshalb darf die Fragilität unserer Mutter Erde nicht auf die leichte Schulter genommen werden: Hexen befinden sich in einem harmonischen Austausch mit der Erde, die unsere Magie stärkt und der wir sie auf diese Weise zurückgeben. Wir müssen also für unsere Mutter sorgen, sollen ihr nahe sein und dürfen sie niemals missbrauchen.

Führe ein authentisches Leben

Ein authentisches Leben zu führen heißt, dass du alles von dir zeigst, was dich ausmacht, und dabei die vollständige Kontrolle über dein Ich behältst. Denk darüber nach: Wer bist du wirklich? Was magst du, liebst du, kannst du nicht leiden? Was macht dich glücklich? Was macht dich wütend? Welche Leidenschaften und Träume hast du? Wer ist die wahre Seele in deinem Körper? Bist du dir schon einmal unverhüllt begegnet? Nur wenn du deine Wahrheit lebst und atmest, kannst du dein wahres Potenzial und deine größte magische Kraft verkörpern. Deine Wahrheit zu leben bedeutet allerdings nicht, dass du dich outen musst. Du musst nicht mit anderen darüber sprechen, was du tust oder praktizierst, wenn du es nicht möchtest. Du musst auch keine Show daraus machen, eine praktizierende Hexe zu sein. Es geht darum, die Hexe in dir anzunehmen.

Ich glaube daran, dass wir zielgerichtet und aus dem Vollen leben können, wenn wir es unserer Magie gestatten, für uns zu wirken. Übernimm die Kontrolle über dein Leben und verbinde sie mit deinen Träumen. Nimm dein Ich und deine Gefühle ohne Scham an und mach dich selbst zur Priorität. Sei dir bewusst, dass du den Verlauf deines Lebens verändern kannst, dass du unendlich magisch bist und dass nichts und niemand dir das jemals nehmen kann.

Ritual zur Rückgewinnung deiner magischen Kraft

Dieses Ritual will dich von allem befreien, was dir deine Kraft genommen hat, wie etwa eine schmerzhafte Erfahrung oder eine Person, die dich schikaniert. Um deine Kraft zu verstärken, musst du dich von allem befreien und alles loslassen, was dich nicht weiterbringt.

Nimm dir für dieses Ritual Zeit. Leg zwischendurch eine Pause ein, wenn du möchtest, oder brich das Ritual sogar ab – insbesondere dann, wenn du dich dadurch nicht mächtiger sondern eher überfordert fühlst.

Wenn du dir deine Macht zurückholen willst, dann kannst du es jederzeit und so oft vollziehen, wie du willst.

Was du brauchst:

Getrocknete Kräuter wie Weinraute, Mexikanischen Blattpfeffer oder Zeder, lose oder im Bund, oder Räucherwerk wie Weihrauch, Myrrhe oder Palo Santo
3 Kerzen, am besten weiße
Eine kleine Schale mit Salz
Eine Schüssel mit Wasser

Wie es geht:

- Finde einen ruhigen Platz, an dem du dein Ritual abhalten kannst, dann reinige den Ort und dich selbst mit den getrockneten Kräutern beziehungsweise mit dem Räucherwerk. Du kannst diese oder ein Harz auch verbrennen, um eine beruhigende Atmosphäre zu schaffen. Setze dich auf den Boden oder an einen Tisch und stelle eine Kerze rechts von dir, eine links und die dritte direkt vor dir ab. Zünde sie an. Dann platziere die Schale mit dem Salz links und die Schüssel mit dem Wasser rechts von dir. Schließe einen Moment lang die Augen, um dich zu sammeln, und hole dreimal tief Luft. Gestatte es deinem Körper, sich zu entspannen, und lasse alle Ängste, Sorgen und allen Lärm aus dir fortziehen. Du bist jetzt an deinem geheiligten Ort, der von Licht und mit den tröstenden

Heilenergien von Mutter Erde erfüllt ist. Gestatte es ihren Elementen – Erde, Luft, Feuer und Wasser –, dich zu umgeben und dich in Liebe einzuhüllen.

- Sobald du bereit bist, nimm eine Prise Salz und lasse sie in das Wasser rieseln, während du laut oder nur in deinem Kopf das Ereignis, die Person oder die Situation beschreibst, von dem oder von der du deine magische Kraft zurückforderst. Zum Beispiel: »Ich hole meine Kraft von meiner Freundin ... zurück, die mich andauernd schlechtmacht: ›Ich hole meine Kraft von dir zurück.‹« Wiederhole diese Wort so oft wie nötig, bis du dich befreit fühlst und sich Ruhe in deinem Inneren ausbreitet.
- Bleibe einen Moment lang in Ruhe sitzen. Spüre, wie deine Magie deine Energie vibrieren lässt, und die Befreiung von aller unnötigen Belastung. Lösche die Kerzen von links nach rechts und leere die Schüssel mit dem Salzwasser am Fuß eines Baumes oder an einer Wegkreuzung aus oder gieße den Inhalt in einen Fluss oder Bach, damit das Wasser von dir wegfließt.

Eine andere gut funktionierende Methode zum Zurückholen der eigenen Kraft, ist das Schreiben von Briefen, die nicht zum Absenden gedacht sind. Es spielt dabei keine Rolle, ob man sie an einen Menschen, der einen verletzt hat, oder an selbst verschuldete negative Erfahrungen verloren hat. Heilbriefe, wie ich sie bezeichne, dienen deiner spirituellen Reinigung und gestatten es dir, dein Leben wieder in Gang zu bringen. Wie hilfreich solche Briefe sind, haben nicht nur ich und Hunderte meiner Klienten erfahren, sie haben sich auch für den Heilungsprozess als förderlich erwiesen. Sie ermöglichen es dir, deinen Geistern im Inneren zu vergeben und dich von ihnen zu befreien.

Heilbriefritual

Ziel ist es, dem Papier alle deine unverarbeiteten Emotionen anzuvertrauen, um dich von ihnen zu befreien und deine Macht zurückzuholen. Grammatik und Rechtschreibung spielen dabei keine Rolle. Du musst das Geschriebene kein zweites Mal durchlesen. Dieser Brief ist allein für deine Augen bestimmt. Lege beim Schreiben eine Pause ein, wenn es erforderlich ist, und brich das Aufschreiben deiner Emotionen ab, falls du dich währenddessen schlechter statt besser fühlst – möglicherweise eignet sich dieses Ritual nicht für dich.

Was du brauchst:

Ausreichend Schreibpapier
Einen Stift

Wie es geht:

- Finde einen ruhigen Platz ohne Ablenkungen und Störungen. Schreibe den Namen der betreffenden Person auf oder eine kurze Beschreibung der jeweiligen Situation, die dich verletzt hat. Du kannst auch selbst diese Person sein, etwa weil du dir selbst durch Vernachlässigung oder durch Abhängigkeiten Schmerzen verursachst. Falls dir die Namen nicht mehr einfallen, denk dir welche aus. Nun schreibe an diese Person oder an das Ereignis und halte nichts zurück! Schreibe auf, was auch immer dir in den Sinn kommt, auch wenn es zunächst keinen Sinn ergeben sollte. Du könntest der Person oder dem Ereignis mitteilen, welche Gefühle sie oder es in dir ausgelöst hat. Oder vielleicht möchtest du etwas loswerden, was du schon immer einmal sagen wolltest, dich aber nie getraut hast. Zum Beispiel: »An Steven, was du mir angetan hast, war unverzeihlich. Du solltest dich um mich kümmern, und stattdessen hast du mich verletzt und Monster in mein Leben gelassen. Ich vergebe dir dennoch, um mich auf diese Weise von dir zu befreien.«

- Was du schreibst, entscheidest du. Gestatte es dir, zu weinen und zu schreien (achte jedoch darauf, dass du immer tief atmest und fokussiert bleibst). Es ist nicht leicht, innere Geister zu vertreiben, und kann sogar qualvoll sein. Jetzt geht es darum, mit sich selbst schonungslos ehrlich zu sein.
- Sobald du mit dem Schreiben fertig bist, lege deine Hände auf das beschriebene Blatt. Schließe die Augen und atme bewusst ein und aus, während du laut bis zwanzig zählst. Spüre, wie sich bei jedem Zählschritt die Energie deines inneren Geistes von dir löst. Stell dir diese Energie als schwarzen Rauch vor und sieh zu, wie sie deinen Körper verlässt und vom Wind fortgetragen wird.
- Sobald du bis zwanzig gezählt hast, hole noch einmal tief Luft und sei dann einen Moment lang ganz ruhig. Gestatte es dir, die beim Schreiben aufgestiegenen Gefühle zu betrachten, und bleibe still, bis sie sich beruhigen. Wiederhole dreimal den Satz: »Ich nehme meine Macht von dir zurück.« Dann öffne die Augen.
- Sammle die beschriebenen Blätter ein und falte sie in der Mitte (auch dann, wenn es sich nur um ein Blatt handelt). Benetze mit der Zunge deinen Daumen, drücke ihn auf das Deckblatt und sage: »Ich gelobe, dich freizusetzen, Geist, und dich niemals mehr zurückkehren zu lassen. Nie wieder überlasse ich dir meine Macht.« Indem du einen Teil von dir nutzt – deinen Speichel auf deinem Daumen –, verstärkst du dein magisches Handeln. Ich selbst verwende für dieses Ritual mein Menstruationsblut. Du kannst auch in eine Tasse spucken, in die du

Wasser und eine Prise Salz gegeben hast, und diese Mischung verwenden. Wichtig ist, dass es sich für dich richtig anfühlt.

- Lege deinen Brief in dieses Buch oder in dein Tagebuch. Sie aufzubewahren steht für deine Entscheidung, deine Macht zurückzuholen, und verstärkt die Manifestation von Positivem in deinem Leben. Du kannst die Blätter als zusätzlichen Akt des Vertreibens auch verbrennen und dann die Asche auf der Erde verstreuen oder in einen Bach oder Fluss werfen.

Die Kunst der Selbstliebe

»Deine Aufgabe ist nicht, die Liebe zu suchen, sondern nur all die Hindernisse in dir zu suchen und zu finden, die du dagegen aufgebaut hast.«

Rumi

Selbstliebe ermöglicht es dir, alles in dir zu finden, was dich von deiner inneren Magie fernhält, und dir und jedem Aspekt deiner selbst mit Wertschätzung, Respekt und Dankbarkeit zu begegnen. Sie verlangt Mitgefühl und deine Bereitschaft, eine Beziehung zu dir aufzubauen und deine Wahrheit zu finden. Indem du deine Wahrheit findest, erschließt du dir auch deine Magie. So kannst du die Hexe in dir annehmen.

Die Macht einer Hexe ist von ihrer Selbstliebe abhängig. Im Sinne der Selbstliebe musst du Entscheidungen treffen, die dein Leben zusammenhalten: Rechnungen bezahlen, Geld auf die hohe Kante legen, gesünder essen und Sport treiben, genauso wie sich den eigenen Emotionen stellen, sich von giftigen Menschen, Freunden und Partnern lösen; das Telefon ausstellen und sich eine Pause vom Wahnsinn der Welt gönnen. Selbstliebe heißt, du selbst zu sein und die Verantwortung für alles zu übernehmen, was du sagst und tust.

Selbstliebe ist nicht gleichbedeutend mit Egoismus. Sie ist kein Freifahrtschein, um andere herabzusetzen oder um sich selbst als etwas Besseres zu fühlen. Sie vergleicht, urteilt und rivalisiert nicht. Sie lässt dich für dein kommendes Leben bessere Entscheidungen treffen und sie lässt dich verstehen, dass du nicht repariert werden musst, sondern von dem wichtigsten Menschen in deinem Leben geliebt und umsorgt werden musst: von dir.

> OFFENBARE DICH UND ZEIGE,
> WER DU BIST, LIEBE HEXE. DIE WELT BRAUCHT DICH.
> MUTTER ERDE RUFT DICH.

Es folgt eine Liste mit Praktiken, die dir helfen, zur Selbstliebe zu finden, dein Leben unter Kontrolle zu bekommen und nicht davor fortzulaufen. Sie alle verstärken außerdem deine innere Magie. Du musst sie nicht unverändert übernehmen; vielmehr hoffe ich, dass sie dich zu eigenen Vorgehensweisen inspirieren.

Mache Selbstfürsorge zu einer Priorität

Selbstfürsorge bedeutet, bewusst für dein physisches, spirituelles und emotionales Selbst zu sorgen, damit du mit deinem Geist und deiner Magie eine starke Verbindung aufbauen kannst. Deine Selbstfürsorge muss sich nicht mit der meinen decken. Meine beinhaltet tägliches Meditieren, Bikram Yoga, gesunde Ernährung und magisches Schaffen. Lehne Selbstfürsorge nicht deshalb ab, weil sie anderen merkwürdig vorkommt. Ich bin zum Beispiel der Meinung, dass Auszeiten von Anrufen, Nachrichten und sozialen Medien sowie Masturbation zur Selbstliebe gehören.

Stimme dich mit einem Kurzritual ein

Ich leite zwei Unternehmen, bin Mutter, investiere viel Zeit in Freunde, Familie, mein soziales Umfeld und betätige mich außerdem als Aktivistin. Deshalb praktiziere ich im Laufe des Tages mehrere Kurzrituale, die mich wieder zu mir zurückführen. Es kann ein Augenblick sein, in dem ich innehalte und zu mir sage: »Hallo, ich sehe dich. Tritt ein bisschen kürzer und komm wieder zu dir.« Zu meinen Lieblingsritualen gehört Teetrinken und Stretching. Außerdem spreche ich positive Affirmationen, entweder stumm in meinem Kopf oder laut. Finde heraus, welche Kurzrituale der Rückbesinnung dir guttun.

Folge deinen Träumen

Wer sind wir, wenn nicht das, was unsere Herzen entflammt? Man muss sich nicht dafür schämen, seinen Leidenschaften zu folgen oder nach den eigenen Vorstellungen zu leben. Wir müssen natürlich alle Rechnungen bezahlen und andere Verantwortungen tragen. Daher ist es am besten, einen Schritt nach dem anderen zu machen und vielleicht nur gelegentlich einen Ausfallschritt einzubauen, wenn wir genug Schwung haben, um unserem Leben eine neue Richtung zu geben. Du bist dir nicht sicher, wofür du brennst? Probier jede Woche eine neue Aktivität aus und finde heraus, was dich am meisten motiviert.

Höre auf dein wahres Selbst

Lerne, dein wahres Selbst von den Stimmen der Geister aus deiner Vergangenheit zu unterscheiden. Die Stimmen der Geister lenken dich für gewöhnlich in die falsche Richtung und wollen dir weismachen, dass du so, wie du bist, nicht gut genug bist. Sie halten dich von deinem authentischen Leben ab. Deine Intuition zeigt dir hingegen den richtigen Weg. Lerne also, sie – und dein wahres Selbst – zu erkennen.

Erkenne selbst deine Qualitäten an

Schreibe positive Aussagen auf kleine Zettel und klebe sie an Stellen, an denen du im Laufe des Tages häufig vorbeikommst. Notiere auch Komplimente, die dir einmal gemacht wurden, und Erinnerungen daran, wie viel Macht du hast. Der Alltag kann sich dem, was dir wirklich wichtig und was dein Auftrag ist, leicht in den Weg stellen. Diese kleinen Zettel werden dir helfen, zu dir selbst zurückzufinden.

Räume dir Auszeiten für dein Inneres ein

Meditiere so oft wie möglich. Meditation ist die Tür zu innerer Weisheit, Frieden und Verbundenheit – und sie ist ein regelrechter Magiebooster. Man kann auch meditieren, während man aktiv ist: beispielsweise beim Yoga, Schwimmen, Spazierengehen, oder Stricken. Alles ist geeignet, was den Lärm im Kopf dämpft, Ablenkungen in Schach hält und dir ein tranceartiges Gefühl vermittelt.

Verbringe Zeit in der Natur

Eine der besten Formen von Selbstliebe ist, sich mit unserer Mutter, der Erde, zu verbinden. Sie führt uns zu unseren Wurzeln, bringt uns zurück ins Gleichgewicht und erdet uns, befreit Körper und Geist von Negativität und erinnert uns daran, wer wir außerhalb der digitalen Welt sind. Laufe barfuß durchs Gras, mache Picknicks, erforsche Wege durch den Wald, faulenze an Seeufern – versuche wenigstens einmal pro Woche raus und zurück in die Natur zu kommen.

Sorge für Mutter Erde

Dem Herz einer Hexe geht es dann besonders gut, wenn sie Mutter Erde hilft. Konzentriere dich auf einfache Dinge, die mühelos in deinen Tagesablauf passen und trotzdem einen großen Unterschied machen, wie etwa den Müll vom Wegesrand einzusammeln, verirrten Tieren zu helfen oder durstige Pflanzen zu gießen. Reduziere deinen Konsum von Fleisch- und Milchprodukten, denn diese Nahrungsmittel verbrauchen einen größeren Prozentsatz landwirtschaftlicher Ressourcen, als ihr Nährwert rechtfertigt.

Verweigere dich jeglicher Negativität

Es gehört zu den wichtigsten Vorgehensweisen der Selbstliebe, sich selbst vor negativen Schwingungen und Energien zu schützen. Die meisten Menschen sind von Natur aus empathisch – wir fühlen, was andere fühlen, doch das gilt leider auch für Negativität. Negativität legt sich jedoch lähmend auf unsere Stimmung, und wenn wir das zu häufig zulassen, kann sie auch unserer Gesundheit schaden.

Bring dein Haus in Ordnung

Kümmere dich um dein Haus, die Rechnungen und erledige deine täglichen Aufgaben. Kriegt euren Kram geregelt, Hexen! Setze dir Ziele oder schreibe tägliche oder wöchentliche To-do-Listen und entscheide über die Prioritäten. Wenn du diese Dinge unter Kontrolle oder wenigstens einen Plan hast, dann verringerst du Stress und Angst. Es ist in Ordnung, gelegentlich fünfe gerade sein zu lassen, doch vergiss nicht: Wenn du große Träume hast, musst du an ihrer Verwirklichung arbeiten.

Zauber zur Förderung von Selbstliebe

Wir alle brauchen von Zeit zu Zeit ein wenig Ermutigung, vor allem dann, wenn es darum geht, uns mit uns selbst zu beschäftigen und uns mit Selbstliebe zu verwöhnen. Die nachfolgenden Zauber vergrößern das Herz und richten es nach innen auf das Selbst.

Badezauber für die Rückkehr zu sich selbst

Dieser Zauber eignet sich hervorragend für alle, die ihr Gleichgewicht suchen, sich entspannen und Negativität abbauen wollen. Er wirkt auf deine Energie wie eine Umarmung.

Was du brauchst:

1 Tasse (250 g) Bittersalz
1 Tasse (250 g) rosa Himalajasalz
1 Orange, in Scheiben geschnitten
½ Tasse (25 g) von wenigstens 3 der nachfolgenden Kräuter und Blüten: Lavendel, Rosenblütenblätter, Jasmin, Basilikum, Zitronenmelisse, Ringelblume oder Ysop
1 Zitrone, in Scheiben geschnitten
3 Tropfen von 1 oder 2 ätherischen Ölen wie Bergamotte, Rose oder Lavendel

Eine weiße, rosa oder rote Kerze
Eine kleine Schale mit Kristallen: Karneol, Rosenquarz oder Rauchquarz
1 Esslöffel Zimt
Räucherwerk – Zeder, Drachenblut, Palo Santo, Lavendel oder Rose

Wie es geht:

- Fülle die Wanne mit Wasser in deiner bevorzugten Temperatur. Bringe inzwischen in einem Topf Wasser zum Kochen, füge die Salze, Orangenscheiben und getrockneten Kräuter oder Blüten hinzu und lass die Mischung 5 Minuten köcheln.
- Gib den Inhalt des Topfes, die Zitronenscheiben und ätherischen Öle in dein Badewasser. Entzünde an einem sicheren Platz im Badezimmer die Kerze und stelle die Schale mit den Kristallen daneben.
- Halte auf einem kleinen Zettel fest, was du dir von diesem Bad erhoffst, etwa Fokus, Befreiung oder Gleichgewicht. Lege den Zettel in die Schale mit den Kristallen und bestreue ihn mit etwas Zimt.
- Entzünde das Räucherwerk und umkreise damit deinen Körper, um ihn mit dem Rauch zu reinigen. Lass es auch während deines Bades weiter brennen. Vielleicht möchtest du beruhigende Musik hören, während du in der Wanne liegst.
- Behalte dein auf dem Zettel festgehaltenes Ziel vor Augen, während du badest. Gieße dir das Badewasser mit den Händen oder einem Becher über Nacken, Kopf und Schultern. Damit ist der Zauber abgeschlossen.
- Beseitige den Zettel. Die Schale mit den Kristallen und die Kerze kannst du noch einmal verwenden, wenn du diesen Zauber wiederholst.

Fußbadzauber zum Auftanken und zur Neueinstellung

Ein Fußbadzauber zieht alle Unreinheiten und statischen Energien, die sich möglicherweise in dir festgesetzt haben, durch die Füße ins Wasser und ermöglicht dir eine Neueinstellung. Der Zauber eignet sich insbesondere für diejenigen, die meinen, sich in ihrem Leben festgefahren zu haben, oder mit ihrem Vorankommen unzufrieden sind. Er lädt dich mit positiven und schützenden Energien auf und eröffnet dir Möglichkeiten in deinem Leben, die Platz für Fülle schaffen.

Was du brauchst:

eine Fußwanne oder ein ähnliches Behältnis, in dem deine beiden Füße bequem Platz haben

4–7 Tropfen von 1 oder 2 ätherischen Ölen wie etwa Zeder, Eukalyptus, Geranie oder Rosmarin

1 Tasse (120 g) Hafer

1 Tasse (250 ml) Milch (von der Kuh oder aus Nüssen)

½ Tasse (125 g) Meersalz

½ Tasse (125 g) Bittersalz

3 Esslöffel gemahlenen Kaffee

½ Tasse (180 g) Honig

1 Tasse (50 g) gemischter getrockneter Kräuter (Rosmarin, Salbei, Basilikum und Ringelblume)

Räucherwerk oder 1 Duftkerze – wie Zeder, Sandelholz, Wacholder oder Lavendel

Wie es geht:

- Fülle die Fußwanne mit für dich angenehm temperiertem warmem Wasser. Füge ätherisches Öl, Hafer, Milch, Salze,

Kaffee, Honig und Kräuter hinzu. Entzünde das Räucherwerk beziehungsweise die Kerze.

- Lass deine Füße mindestens 20 Minuten lang in diesem Bad ziehen und die Mischung ihr Werk tun. Dieser Zauber setzt absolute Stille voraus, es darf also keinerlei Ablenkung und nicht einmal Musik geben. Schließe möglichst deine Augen und meditiere.
- Sobald deine Füße ausreichend durchgeweicht sind, spül sie mit kaltem Wasser ab. Leere die Wanne mit dem Zauberwasser am Fuß eines Baums oder in einen Fluss, der von deinem Wohnort wegfließt, oder an einer Wegkreuzung aus.

Honigtopfzauber für Besinnung

Normalerweise verwende ich Honigtopfzauber in Liebes- oder Gelddingen. Diesen hier habe ich so verändert, dass er deine Liebe zu dir selbst verstärkt. Er wird dir außerdem tiefe Heilung und Schutz vor allem gewähren, was sich deiner Selbstliebe in den Weg stellen könnte.

Was du brauchst:

1 Bund Rosmarin; oder Räucherwerk wie Drachenblut, Kopalharz oder Sternanis

Ein kleines Stück braunes Packpapier und einen Stift

1 Glas Honig und 1 Teelöffel

Je 1 Prise Liebstöckelwurzel, getrocknetes Basilikum und getrocknete Rosenblütenblätter

Eine Haarsträhne, einen abgeschnittenen Fingernagel oder einen Tropfen deines Menstruationsblutes

Salz, um einen Kreis um den Honigtopf zu ziehen

1 Zimtstange
1 kleinen Zweig Rosmarin
2–3 Gewürznelken
1 kleinen Rosenquarz
Ätherisches Zimtöl – genug, um die Fingerspitzen hineinzutauchen
Eine kleine rote oder weiße Wachskerze

Wie es geht:

- Reinige den Raum mit den getrockneten Kräutern oder dem Räucherwerk, dann baue alle benötigten Utensilien in Reichweite um dich herum auf. Auf das braune Packpapier malst du ein persönliches Symbol für Liebe und notierst in knappen Worten deine Intention wie: »Ich liebe mich bedingungslos«, oder: »Ich verdiene Liebe und bin es wert, geliebt zu werden«, oder einfach: »Selbstliebe«.
- Öffne das Glas und iss einen Teelöffel Honig. Sprich dann langsam und leidenschaftlich deine niedergeschriebene Intention aus, entweder laut oder nur in deinem Kopf. Wiederhole den Vorgang zweimal, wobei du jedes Mal einen Teelöffel Honig isst.
- Lege das beschriebene braune Packpapier vor dich und bestreue es mittig mit je einer Prise gemahlener Liebstöckelwurzel, Basilikum und Rosenblütenblättern. Füge dein Haar, deinen abgeschnittenen Fingernagel beziehungsweise dein Menstruationsblut hinzu. Falte die jeweils von dir abgewandte Papierkante zu dir hin, so lange, bis ein möglichst kleines Päckchen entsteht. Drücke das Päckchen mit dem Löffel in den Honig. Verteile das Salz gegen den Uhrzeigersinn in einem Kreis um das Glas. Lege nun die Zimtstange, den Rosmarinzweig, die Gewürznelken und den Rosenquarz in das Honigglas und schraube den Deckel zu.

- Jetzt weihst du deine Kerze, indem du deine Fingerspitze in das ätherische Zimtöl tauchst und das Öl von oben nach unten auf die Kerze streichst. Zünde dann die Kerze an und tropfe ein wenig Wachs auf den Deckel des Honigglases, um die brennende Kerze darauf festzukleben. Nun lässt du die Kerze niederbrennen, wobei sie über den Deckelrand laufen und so das Honigglas versiegeln sollte.
- Sobald die Kerze heruntergebrannt und das Wachs hart geworden ist, stellst du das Glas entweder auf deinen Altar oder unter deine Seite deines Bettes. Du kannst es auch in der Erde vergraben, wobei du das Loch anschließend nur zur Hälfte wieder zuschüttest und darin Kräuter oder Blumensamen auslegst, bevor du es vollständig verschließt. Gieße die Saat, bleibe eine Weile bei ihr sitzen und bitte Mutter Erde, deinen Zauber anzunehmen und die Saat aufgehen zu lassen.

Spiegelzauber für Heilenergie

Dieser Zauber eignet sich nicht nur wunderbar, um wirkungsvolle Liebe im Inneren zu entfachen oder um Stress und Angst zu vertreiben, sondern auch, um Heilenergie in der Welt zu verbreiten.

Was du brauchst:

Einen Tischspiegel
Ein Glas kaltes Wasser
Eine silberne Kerze
Ätherisches Zimtöl
1 Teelöffel getrocknetes Basilikum
1 Teelöffel getrocknete Rosenblütenblätter
Einen kleinen Bergkristall

Wie es geht:

- Überlege dir eine Affirmation, die deine Selbstliebe verstärkt und die du für dich selbst sprechen willst, zum Beispiel: »Ich liebe mich, weil ich es wert bin, geliebt zu werden.« Setz dich bequem vor den Spiegel. Stelle das Glas mit dem kalten Wasser und die Kerze vor dich hin, dann entzünde die Kerze. Gib drei Tropfen Zimtöl in das Wasser und anschließend das Basilikum und die Rosenblütenblätter. Zum Schluss lege auch den Quarz ins Wasser.
- Blicke für eine Weile auf die Kerzenflamme, um deinen Geist zu leeren und zu entspannen. Sobald du bereit bist, schaust du in den Spiegel und dort in deine Augen. Singe nun deine Selbstliebe-Affirmation in einer Art Sprechgesang wieder und wieder, wobei du von Mal zu Mal die Vibration deiner Energie in dir deutlicher spürst.
- Stell dir vor, dass aus dir heraus und um deinen Körper herum ein helles rosafarbenes Licht strahlt, pulsiert und weiter wächst, bis es hinaus ins Universum drängt. Fahre fort, bis du spürst, dass du alle negativen Gedanken und Energien weggewaschen hast.
- Sage dir selbst, wie dankbar du dir dafür bist, dass du diesen Zauber für dich getan hast. Dann blase die Kerze aus.
- Bewahre das Glas, das nun mit deiner Heil- und Liebesenergie gefüllt ist, auf deinem Altar, neben deinem Bett oder an einem anderen bevorzugten Platz auf. Es wird weiterhin deinen Raum mit liebenden und heilenden Energien füllen. Entsorge den Inhalt nach drei Tagen.

TEIL ZWEI:

DIE OFFENBARUNG DER KUNST

Die Anwendung magischer Praktiken

Für die unterschiedlichen magischen Praktiken sind zahlreiche Techniken und Fertigkeiten erforderlich, aber ich werde hier vor allen die grundlegendsten mit dir teilen. Vielleicht wirst du feststellen, dass du zu einigen Verfahrensweisen leichter Zugang findest als zu anderen – das ist vollkommen normal. Nimm dir einfach ausreichend Zeit, damit du dir unbekannte Praktiken erschließen kannst. Falls du das Gefühl hast, sie auf eine andere als die dargestellte Weise leichter zu lernen, nimm die nötigen Veränderungen vor. Ich vermittle dir lediglich Basismethoden als Ausgangspunkt für die Entwicklung deiner eigenen Zauberkunst. Eine echte Hexe ist eine praktizierende Hexe. Unsere Kunst befindet sich in einem ständigen Entwicklungsprozess. Auch wenn wir meinen, eine Fertigkeit erworben zu haben, entdecken wir immer weitere Möglichkeiten, um sie zu verbessern.

Möglicherweise ist nicht immer auf den ersten Blick offensichtlich, warum einzelne Techniken so wichtig sind, aber glaube mir: Sie spielen alle eine Rolle, wenn es um bestimmte Aspekte von Zauberkunst und Hexenkraft geht. Beispielsweise musst du wissen, wie du deinen Geist leeren und dich auf deine Intention konzentrieren kannst, wie du die Schwingung deiner Energie steigerst, um deine magische Arbeit noch zu verstärken, und wie du dir die Kräfte der Elemente zunutze machst, um sie gewinnbringend einzusetzen in ihrer ganzen Macht.

Meditation

Damit deine Magie ihr ganzes Potenzial entfalten und du dich auf das konzentrieren kannst, was du erreichen willst, muss es dir gelingen, alle äußeren Ablenkungen von dir fernzuhalten und an einen Ort innerer wie äußerer Ruhe zu gelangen. Genau diese Funktion erfüllt die Meditation: Sie reinigt den Geist von allen Störungen, die sich deiner Energie in den Weg stellen könnten, und stärkt deine Magie, indem sie dein Bewusstsein kanalisiert und deine Selbstwahrnehmung steigert. Sie stellt außerdem einen wirkungsvollen Weg dar, um dein Manifestationsvermögen zu vergrößern.

Jede Hexe sollte täglich auf eine Weise meditieren, die sie selbst gewählt hat, um die Kommunikation zwischen ihrem Geist, ihrem Körper und ihrer Seele zu stärken. Übe so lange, bis du dich gegen jegliche Ablenkung verschließen kannst und in der Lage bist, jederzeit und überall zu meditieren.

Meditationspraxis

Es gibt kein richtiges oder falsches Meditieren. Allerdings ist es sinnvoll, mit den Grundlagen zu beginnen. Deshalb stelle ich dir auf den nachfolgenden Seiten vier Basistechniken zum Ausprobieren vor. Beginne mit der Übung, die dir am meisten zusagt.

Für gewöhnlich verwenden Hexen ätherische Öle, Räucherwerk, Kristalle und Edelsteine sowie Kräuter und Tees, um die Erfahrung des Meditierens zu verstärken. Nachfolgend findest du die Zutaten, die bei meinen Meditationen am besten wirken, sowie Angaben über ihre Verwendung.

Kräuter

Fenchel, Ringelblume, Hibiskus, Kamille, Lavendel, Zitronengras, Brennnessel

Ein Bund getrockneter Kräuter kann vorsichtig zum Räuchern angezündet oder auf ein weißglühendes Räucherkohlebrikett gelegt werden.

Oder du bereitest dir aus frischen beziehungsweise getrockneten Kräutern einen Tee zu, den du unmittelbar vor der Meditation trinkst.

Räucherwerk

Sandelholz, Lavendel, Zitronengras, Kiefer, Bernstein, Zimt

Entzünde diese Räucherwerke, damit der dabei entstehende Rauch deinen Raum mit seinem magischen Duft erfüllt, oder verwende sie in Kombination mit einem Räucherkohlebrikett (*siehe oben*).

Ätherische Öle

Weihrauch, Myrrhe, Zeder, Lavendel, Palo Santo, Salbei, Beifuß

Verwende diese ätherischen Öle in einem Zerstäuber oder vermische sie mit einem Basisöl, um sie dir auf die Haut zu tupfen.

Kristalle und Edelsteine

Apophyllit, Azurit, Zölestin, Amethyst, Quarz, Danburit, Selenit

Lege die Kristalle und Edelsteine um dich herum aus oder befestige sie an deiner Kleidung.

Tiefenmeditation mit Kristallenergie

Die Konzentration auf den eigenen Atem ist eine der einfachsten und ältesten Meditationstechniken. Übe sie jeden Tag, anfangs für 5–10 Minuten, steigere die Dauer nach und nach bis auf 20 Minuten.

Die Verwendung von Kristallen während der Meditation verstärkt deine Verbindung mit dir und ermöglicht es dir, tiefer in dein Inneres vorzudringen.

Was du brauchst:

Einen oder mehrere Kristalle und/oder Edelsteine (siehe oben)

Wie es geht:

- Finde einen ruhigen Platz, nimm eine bequeme Sitzhaltung ein und komm zur Ruhe. Wähle einen oder mehrere Kristalle oder Edelsteine aus, die du während der Meditation in den Händen hältst, am Körper trägst oder um dich herum auslegst. Höre jetzt auf zu denken. Entspanne deine Gesichtsmuskeln und schließe deine Augen. (Sobald du erfahrener bist, kannst du auch mit geöffneten Augen meditieren.)

- Atme tief durch die Nase bis in deinen Bauchraum ein und atme langsam durch den Mund aus. Konzentriere dich ausschließlich auf deinen Atem, bis dein Geist ruhig ist, dann richte deinen Fokus auf die Energie der Kristalle.

Mit dieser Methode lernst du, deinen Geist zu beruhigen und zu sammeln. Indem du dich darin übst, dein Bewusstsein auf die Energie der Kristalle ausgerichtet zu halten, steht dir eine gute Methode zur Verfügung, um auch alle übrigen Energien, die dich umgeben, wahrzunehmen und deine Zauberkunst zu intensivieren.

Kerzenmeditation zur Reinigung des Geistes

Flammen und Kerzenlicht können eine hypnotisierende Wirkung haben oder eine Art Trancezustand herbeiführen, der uns den Weg in andere Welten erleichtert. Hexen suchen in den Flammen nach Antworten und verwenden die sogenannte Flammenschau, um in die Zukunft zu sehen. Mit der nachfolgenden Übung wollen wir jedoch lediglich unseren Geist leeren. Die Übung gelingt am besten in einem nur schwach beleuchteten oder dunklen Raum.

Was du brauchst:

Eine Kerze, die mit den ätherischen Ölen Weihrauch, Myrrhe, Zeder, Lavendel, Palo Santo, Salbei oder Beifuß parfümiert ist

Wie es geht:

- Halte die Kerze so nah wie möglich vor deine Augen. Falls du auf dem Boden sitzt, dann stelle die Kerze etwa einen Meter von dir entfernt vor dich hin.
- Sitze bequem und entspanne deinen Körper durch die Atemtechnik, die ich in der vorhergehenden Meditation beschrieben habe. Fixiere deine Aufmerksamkeit auf die Flamme, dann lasse deinen Blick verschwimmen und setze die Meditation fort – anfangs für 10 Minuten, mit wachsender Erfahrung verlängerst du sie auf 20–30 Minuten.

Sprechgesangsmeditation zur Fokussierung

Mit Sprechgesang ist hier die stimmhafte Verwendung eines Klangs, eines Wortes oder eines kurzen Ausspruchs gemeint, den du während der Meditation langsam rhythmisch, stimmhaft und mit einer eigenen Melodie unterlegt wiederholst. Viele Praktizierende bestätigen, dass häufiges Wiederholen beim Leeren des Geistes hilft und Umgebungsgeräusche ausblendet.

Wie es geht:

- Finde einen ruhigen Ort und eine bequeme Sitzhaltung. Wähle deinen Sprechgesang – Klang, Wort oder Ausspruch. Alles ist erlaubt, was sich für dich richtig anfühlt. Bisher sind mir Dinge wie »Om, ich bin Licht«, »Ich bin mächtig«, oder »Erde, Wasser, Luft, Feuer« oder auch einfach nur wortloses Summen begegnet. Je persönlicher du deinen Sprechgesang hältst und je tiefer du dich damit verbunden fühlst, umso wirkungsvoller ist er.

- Schließe die Augen, konzentriere dich auf deine Atmung und beginne dann mit deinem Sprechgesang. Fahre so für 10–20 Minuten fort.

Trank zur Unterstützung der Meditation

Ich habe mir diesen speziellen Zaubertrank überlegt, um damit meine Meditation zu unterstützen. Trinke ihn, etwa 10 Minuten bevor du mit der Meditation beginnst.

Was du brauchst:

1 Teelöffel getrockneten Blauen Lotus
1 Teelöffel Fenchelsamen
1 Teelöffel getrocknete Pfefferminzeblätter
1 Teelöffel getrocknete Rosenblütenblätter
1 Teelöffel getrockneten Lavendel
1 Esslöffel getrocknete Zitronenmelisse
Milch, am besten auf Nussbasis, nach Bedarf
Honig, nach Bedarf
Alkohol, nach Geschmack

Wie es geht:

- Gib alle getrockneten Zutaten in eine Teekanne und gieße die Mischung mit 1 Tasse (250 ml) kochenden Wassers auf. Füge schließlich ein wenig Milch, Honig und, falls du es wünschst, Alkohol wie zum Beispiel Wodka oder Rum hinzu.

Visualisierung

Die Methode der Visualisierung hilft dir dabei, deine Intentionen mithilfe deiner Vorstellungskraft zu manifestieren. Ich bin mir sicher, dass auch du Tagträume kennst und dir schon einmal vorgestellt hast, ein anderes Aussehen zu haben, dich an einem anderen Ort zu befinden, oder im Geiste bereits in die verschiedensten Rollen geschlüpft bist. Falls ja, dann bist du dir ja bereits darüber im Klaren, wie man diese wunderbare Technik für sich nutzen kann.

Entscheide dich für die Meditationsmethode, mit der du die besten Ergebnisse erzielst, und beginne die Visualisierung, sobald du deinen Geist geleert hast. Male dir in eindrucksvollen sinnlichen Bildern aus, was du manifestieren möchtest. Ist es beispielsweise Heilung, dann stell dir in allen Einzelheiten vor, wie du gesund bist.

Die wirkungsvollste Visualisierung bezieht alle fünf Sinne mit ein: Konzentriere dich auf das, was du sehen, riechen, schmecken, hören und fühlen kannst. Reise an den ersehnten Ort und empfinde alles, als würdest du tatsächlich dort leben. Diese Technik funktioniert bei fast allem, du brauchst nur Zeit und Übung.

Erdung

Erdung ist gleichbedeutend mit energetischer Zentrierung. Durch die Bündelung deiner Energie fühlst dich fokussiert, im Gleichgewicht und stark. Ohne ausreichende Erdung erfährst du möglicherweise unerwünschte Gefühle oder Verhaltensweisen: Du fühlst dich abgeschnitten, körperlich oder emotional erschöpft, bist leicht reizbar, besorgt, unruhig oder grundlos ängstlich. Derartige Ablenkung überschattet deine Intention und wirkt sich ungünstig auf ihre Manifestation aus. Gute Erdung ist eine unverzichtbare Voraussetzung, sowohl für deine Magie als auch für deine Hexenkunst, und auch ganz allgemein im Leben äußerst hilfreich. Indem du dich erdest, verstärkst du deine Verbindung zu Mutter Erde.

Erdungspraxis

Jede der nachfolgenden Techniken eignet sich, um wenigstens einmal täglich die tiefe Verbindung zwischen dir und der Erde spürbar zu machen.

Verwurzelung

Die Verwurzelung ist eine einfache Erdungstechnik, für die du dir Wurzeln vorstellst, die aus dir herauswachsen und dich in der Erde fixieren. Du kannst die Übung stehend oder sitzend durchführen.

- Schließe deine Augen und konzentriere dich für drei tiefe Atemzüge. Dann richte deine Aufmerksamkeit auf das untere Ende deiner Wirbelsäule. Falls du sitzt, stellst du dir vor, wie Wurzeln aus deiner Wirbelsäule in die Erde wachsen. Stehend visualisierst du, wie sich die Wurzeln an deinen Beinen entlang und durch deine Fußsohlen hinab in den Boden fortsetzen.
- Folge den Wurzeln in die Erde, male dir aus, wie sie den Boden durchdringen, sich zwischen Felsen und Geröll hindurchzwängen und bis ins Zentrum unserer Erde gelangen.
- Sobald du bis in den Erdkern vorgedrungen bist, stelle dir vor, wie deine Energie Mutter Erde nährt, bis du ruhig geworden bist, dich ihr zugehörig fühlst und deine Konzentration gefunden hast.

Erden

Das Herstellen einer Verbindung zur natürlichen Energie der Erde ist ein wichtiger Bestandteil eines Lebens als Hexe. Ohne diese Verbindung sind wir von unserer Magie, von uns selbst und von unserer Wahrheit abgeschnitten, davon, dass wir alle Teil der Natur sind. Erdung hat außerdem für die Gesundheit zahlreiche Vorteile: Forschungsergebnisse beweisen, dass die Nähe zur Natur deine Energie steigert, den Schlaf verbessert, Stress reduziert und Heilungsprozesse beschleunigt.

Nimm dir also ausreichend Zeit, um dich in den Genuss der Medizin zu bringen, die Mutter Erde uns schenkt: Wandere barfuß durchs Gras, sitze unter einem Baum und genieße das Gefühl von Sand, Stein und Erde in deinen Händen. Alles tut dir gut, was dich in Verbindung mit der Erde bringt.

Die Arbeit mit Kristallen und Edelsteinen

Kristalle bieten einen raschen und leichten Weg zur Erdung. Indem du einen Kristall einfach nur in deiner Hand hältst, kannst du deine überschüssige Energie abgeben. Zu den Kristallen, die ich für die Erdung am liebsten verwende, gehören Hämatit, Obsidian, schwarzer Turmalin und Tigerauge.

- Stell dir vor, wie deine Energie aus deinen Händen in den Kristall fließt.
- Fokussiere dich darauf, die Energie loszulassen, die sich unangenehm oder negativ anfühlt oder von der du dich überfordert fühlst.
- Es gibt verschiedene Möglichkeiten zur Reinigung deiner Kristalle von der negativen Energie, die sie von dir aufgenommen haben. Entweder du verwendest einen Bund Beifuß oder Räucherwerk aus Palo Santo, Zeder oder Sandelholz. Oder du legst deinen Kristall für mindestens eine Stunde in Salzwasser oder längere Zeit auf die Erde.

Musikhören

Musik, insbesondere Trommelmusik, hat ebenfalls eine erdende Wirkung. Du kannst sie dir anhören oder du greifst selbst zur Trommel; in beiden Fällen ist ein stetiger Rhythmus besonders wirkungsvoll. Ich höre mir gerne während meiner Morgenrituale Trommelmusik an. Außerdem trommle ich gerne auf einem kleinen Tamburin, um meinen Geist zu beleben und mich zu erden.

Dein Trommeln muss nicht besonders kunstfertig sein, und du brauchst dazu auch kein besonderes Instrument. Nutze einfach, was dir zur Verfügung steht.

Erdende Nahrungsmittel

Direkt in der Erde wachsende Nahrungsmittel – also insbesondere Gemüse – helfen dir, dich zu erden. Versuche, sie zu einem festen Bestandteil deiner Ernährung zu machen.

Verwendung von ätherischen Ölen, Räucherwerk und Kräutern

Der Duft ätherischer Öle, von Räucherwerk und Kräutern unterstützt dich bei deiner Erdung. Meine Favoriten sind Vetiver, Patschuli, Engelwurz, Ylang-Ylang, Rosenholz, Zimt und Weihrauch, die alle in wenigstens einer der oben genannten Formen erhältlich sind. Außerdem bereite ich mir Tees aus den Kräutern zu, um meine Erdung zu fördern.

Erdungs- und Zentrierungstrank

Dieser Trank lässt sich leicht zubereiten, befreit dich von Stress und Angst und wirkt zentrierend. Gib etwas davon in dein Badewasser oder auf deine Haut (bitte immer erst an einer kleinen Stelle auf Verträglichkeit testen) oder verwende es zum Salben einer Kerze.

Was du brauchst:

Ein 10-ml-Fläschchen
Basisöl wie Jojoba (ausreichend, um das Fläschchen zu ¾ zu füllen)
9 Tropfen ätherisches Weihrauchöl
9 Tropfen ätherisches Lavendelöl
9 Tropfen ätherisches Zedernöl

Wie es geht:

Gib die Öle zu dem Basisöl in das Fläschchen und schüttle so lange, bis sich die Bestandteile gut vermischt haben. Fertig! Wann immer es dir erforderlich scheint, dich zu erden, Stress abzubauen oder zu dir selbst zurückzufinden, gib 1–2 Tropfen auf die Innenseite deiner Handgelenke, auf deinen Nacken oder deine Schläfen. Oder du steigerst die Mengen proportional, um 60–120 ml für ein Wannenbad zu bekommen.

Energie anheben

Um Magie zu bewirken, musst du lernen, die Frequenz deiner Energie ausreichend anzuheben, um mit deinem Zauber deine Intentionen zu manifestieren.

Schon als kleines Mädchen war ich dazu in der Lage, meine Energie nur auf der Basis meiner Lebenskraft zu steigern. Das kann allerdings sehr anstrengend sein und ist für Anfänger keinesfalls ratsam. Stattdessen empfehle ich, zum Anheben deiner Energiefrequenz Hilfsmittel wie Kristalle, Sprechgesang und die Elemente zu nutzen. Das ist nicht schwer und verlangt lediglich ein wenig Übung.

Zur Steigerung der Energie wird zweierlei benötigt: Visualisierung, um die Verbindung zur Erde herzustellen, sowie die Fähigkeit, mit dem Geist Energie zu bilden. Vor dem Anheben der Energie ist es natürlich erforderlich, zu meditieren, den Geist zu leeren und in einen tranceähnlichen Zustand zu gelangen.

Die nachfolgenden Techniken zum Anheben der Energie sind überwiegend einfache Praktiken unter Verwendung der Elemente. Das letzte Beispiel ist eine intensivere, schwierigere Methode, falls du sie einmal brauchen solltest.

Nimm dir genug Zeit, bringe größtmögliche Konzentration auf, sei geduldig und gib nicht auf. Übe jeden Tag ein wenig, wenn du gerade Zeit hast. Denke daran, dass tief in deinen Knochen bereits Energie steckt, da du selbst Energie bist.

Denke bei allen hier vorgeschlagenen Methoden zum Erhöhen der Energie daran, dich bei den beteiligten Energien, Elementen oder Geistern zu bedanken. Außerdem musst du dich im Vorfeld erden, um dich eines soliden Fundaments in der Erde zu versichern – eine Quelle der Energie und Sicherheit.

Visualisierung zum Anheben von Erdenergie

Erinnerst du dich an das Verfahren zur Erdung, bei dem du Wurzeln in die Erde hast wachsen lassen, um Energie freizusetzen? Die nachfolgende Übung ist eine Umkehrung dieses Prozesses, mit der du dir Energie von unserer Mutter holen kannst.

Wie es geht:

- Sitze oder stehe in der Natur – beispielweise auf Gras, Stein oder Erde.
- Visualisiere Wurzeln, die aus dem unteren Ende deiner Wirbelsäule in die Erde hineinreichen. Reise entlang dieser Wurzeln tief in die Erde bis zu ihrem Kern.
- Stell dir den Erdkern als gewaltige pulsierende und rotierende Energiekugel vor. Senke deine Wurzeln in diese Kugel und ziehe ihre Energie durch deine Wurzeln bis in dein Innerstes. Ich selbst stelle mir diese Energie blau vor und fülle meinen gesamten Körper mit ihr an. Höre auf, sobald du dich ausreichend aufgeladen fühlst.
- Falls dir schwindelig ist oder du dich überfordert fühlst, hast

du zu viel Energie aufgenommen. Gib einfach mithilfe der Erdungsübung einen Teil wieder zurück.

- Nun kannst du die aufgenommene Energie nutzen, um Magie auszuüben. Falls du diese Technik nur ausprobieren oder üben wolltest, gib alle aufgenommene Energie mit der Erdungsübung zurück und danke der Erde dafür, dass sie dich an ihrer Energie teilhaben lässt.

Visualisierung zum Anheben von Luftenergie

Wir haben auch die Möglichkeit, mit dem Element Luft Energiekugeln zu bilden.

Wie es geht:

- Geh ins Freie oder zu einem offenen Fenster. Schließe die Augen, atme einige Male tief durch und konzentriere dich darauf, deinen Körper zu beruhigen und deinen Geist zu leeren.
- Stell dir die Luft, die in deinen Körper gelangt, als blaues Licht vor, das in deiner Körpermitte direkt hinter deinem Nabel eine pulsierende blaue Kugel formt, von der blaue Blitze ausgehen.
- Lege deine rechte Hand auf deinen Nabel, bis du zwischen deiner Handfläche und der Kugel ein magnetisches Ziehen spürst. Führe dann deinen Arm langsam nach rechts außen, weg von deiner Körpermitte und setze die Kugel frei. Stell dir vor, wie sie dort, wo du sie freigesetzt hast, in der Luft rotiert. Sie wird dort bleiben, bis du sie benutzt.
- Übe, die Kugel auf die gleiche Weise an verschiedenen Stellen in deiner direkten Umgebung zu platzieren. Solche Energiekugeln kannst du immer dann nutzen, wenn du mit Hexen-

arbeit beschäftigt bist. Nimm sie dir einfach und füge sie in deine Zauberkunst ein oder stell dir vor, wie sie sich zu dir hinabsenken.

- Falls du mit der Energiekugel nur übst, setze sie anschließend frei oder nimm sie in die Hand und blase sie zurück in die Luft oder lege sie auf dem Boden ab und visualisiere, wie sie sich in die Erde senkt.

Visualisierung zum Anheben von Feuerenergie

Auch einer Kerzenflamme, einem Lagerfeuer oder einem beliebigen anderen Feuer ist es möglich, Energie zu entnehmen. Du musst allerdings vorsichtig sein, wie viel Energie du dir holst, da Feuer eine wilde, ungezähmte Energie ist, die sich rasch aufbaut und sich überwältigend anfühlen kann, sobald du sie dir zunutze machen willst.

Die zugänglichste Form von Feuer ist Sonnenlicht: Du kannst die Energie der Sonne aufnehmen, indem du dich einfach in ihrem Licht aufhältst (doch schaue niemals, niemals direkt in die Sonne, auch dann nicht, wenn deine Augen von einer Sonnenbrille geschützt werden).

Nachfolgend meine Lieblingsmethode, um Sonnenenergie zu nutzen.

Wie es geht:

- Stelle dich ins direkte Sonnenlicht (mit von der Sonne abgewandten Augen) und visualisiere eine klare Kristallkugel über deinem Kopf. Hebe deine linke Hand zur Sonne und deine rechte mit der Handinnenfläche zur Kristallkugel.
- Konzentriere dich eine Weile auf deinen Atem, bis du deinen

Geist geleert hast. Nun spüre die Energie der Sonne, ziehe sie in deine Hand und lasse sie durch deine andere Handfläche in deine Kristallkugel gelangen.

- Sobald du spürst, dass die Kugel vor feuriger Energie pulsiert und strahlt, lass die Hände sinken und hole ein paarmal tief Luft, bevor du die Kugel in deiner Arbeit verwendest.
- Um die aufgebaute Energie anschließend wieder freizusetzen, kannst du eine der Erdungstechniken nutzen.

Visualisierung zum Anheben von Wasserenergie

Wasserenergie gehört zu den beruhigendsten und liebevollsten Energien, die ich gerne verwende, wenn ich eine Umarmung brauche. Du kannst Wasserenergie aus einem Glas Wasser, aus der vollen Badewanne, einem Wasserfall oder dem Meer ziehen – jede Art von Wasser ist geeignet. In der leichtesten und gebräuchlichsten Methode wird eine mit Wasser gefüllte Schüssel verwendet. Selbstverständlich funktioniert sie auch mit jedem anderen Behältnis oder mit Salzwasser.

Was du brauchst:

Eine mittelgroße Schale mit kaltem Wasser

Wie es geht:

- Setze dich direkt vor die Wasserschale hin. Schließe deine Augen und nimm ein paar tiefe Atemzüge, um deinen Geist zu leeren.
- Lege deine Hände in das Wasser und entspanne sie. Stell dir vor, wie das Wasser rings um deine Hände vibriert und in einem wunderschönen weißen Licht strahlt. Gestatte es deinen

Händen, die Energie des Wassers und damit auch die Energie des weißen Lichts aufzunehmen.

- Sobald du spürst, wie die Energie auch in deinen Händen pulsiert, nimm sie aus dem Wasser und stell dir vor, wie sie strahlend weiß leuchten und eine liebevolle Energie verströmen. Du kannst diese Energie für deine Hexenkunst oder zur Selbstheilung einsetzen.
- Wenn du zum Beispiel einmal traurig bist, legst du die Hände nach dem Aufladen über dein Herz und stellst dir vor, wie das weiße Licht in dein Herz fließt, bis es ebenfalls weiß leuchtet.
- Falls du die Wasserenergie ungenutzt freisetzen willst, bediene dich einer der Erdungstechniken.

Ritual für den Aufbau eines Energiekegels

Dieses magische Ritual für das Anheben der Energie kommt am häufigsten in einer Gruppe oder in einem Hexenzirkel zur Anwendung. Im nachfolgenden Beispiel beschreibe ich jedoch, wie man das Ritual alleine und nur mit der Hilfe der Ahnen und Geistführer vollziehen kann.

Wie es geht:

- Reinige dich und deinen Arbeitsraum. Ich empfehle dir, Kerzen oder Räucherwerk wie für Erdungszwecke anzuzünden, damit du deine Verbindung zur Erde während des Rituals mühelos aufrechterhalten kannst. Ich verwende gerne Räucherwerk, das mir vertraut ist. Denn falls ich an irgendeinem Punkt zu mir selbst zurückfinden muss, wirkt die Konzentration auf den wohlbekannten Duft unterstützend.

- Du kannst das Ritual entweder im Stehen oder im Sitzen abhalten. Schließe deine Augen und bete oder bitte um die Unterstützung deiner Ahnen oder Geistführer – du entscheidest selbst, ob du es laut oder stumm tun willst. Halte dich gerade und visualisiere einen Energieball im Zentrum deines Körpers unmittelbar hinter deinem Nabel. Gestatte es diesem Ball, zu pulsieren und mit jedem Atemzug etwas zu wachsen. Konzentriere dich auf diese Energie und behalte sie in dem Ball. (Die meisten Hexen stellen sich die Energie als ein elektrisch blaues Licht vor.) Sobald du die Kontrolle über die Energie gewonnen hast, male dir aus, wie sie sich aus dem Ball heraus ausbreitet und sich mit deinen Vorfahren und Geistführern verbindet. Stelle dir außerdem vor, wie sich ihre Energie mit deiner verflicht.
- Nun visualisierst du eine hell-weiße Energieschnur, die aus deinem Inneren in deine Wirbelsäule gleitet und aus dem Scheitel deines Kopfes hinaus, bis sie etwa zwei Meter über dir in der Luft steht. Visualisiere, wie das Gleiche bei deinen Geistführern und Vorfahren abläuft und dass sich schließlich alle Schnüre in der Mitte über dir treffen und einen Kegel mit nach oben gerichteter Spitze formen.
- Stell dir vor, wie sich diese Energie langsam im Uhrzeigersinn zu drehen beginnt. Sofern du das Gefühl hast, die Kontrolle über die Situation zu haben, visualisiere, wie sich der Energiekegel immer schneller dreht, bis er eine Art auf der Spitze stehenden Strudel bildet.
- Um diese Energie zu nutzen, musst du deine Intention fokussieren und die Energie von der Spitze des Kegels in den Zauber lenken, an dem du arbeitest.

Manifestation

Manifestation ist die Fähigkeit, wie ein Magnet das anzuziehen, worum du bittest. In der Hexenkunst ist Manifestation von äußerster Wichtigkeit: Sie beschwört das Gewünschte herbei und ist die Fähigkeit, Dinge geschehen zu lassen. Seit Anbeginn der Zeit haben sich Hexen ihre Energie, Gedanken und Überzeugungen in Verbindung mit den Gesetzen des Universums zunutze gemacht, um die Ergebnisse ihrer Zaubersprüche und ihrer Hexenarbeit zu manifestieren.

Kerzenzauber zur Manifestation

Damit dieser Zauber funktioniert, musst du fähig sein, dein Umfeld zu reinigen, dich zu erden, Energie anzuheben und dich auf deine Intention zu konzentrieren. In den Anweisungen empfehle ich die Verwendung einer Siebentagekerze, weil sie sich in einem Glas befindet und über Nacht weiterbrennen kann, ohne das Risiko, umgestoßen werden und einen Brand verursachen zu können. Dieser Zauber bedeutet mir sehr viel und ich hoffe, dass er bei dir Wunder bewirkt.

Was du brauchst:

Eine kleine Handglocke
Eine kleine Schüssel
1 Teelöffel getrocknete Kornblumenblüten
1 Teelöffel Jalapawurzelknollenpulver
1 Teelöffel getrocknete Goldsiegelwurzel
1 Teelöffel getrockneten Krausen Ampfer
30 ml ätherisches Basilikumöl
30 ml ätherisches Patschuliöl
Papier und einen schwarzen Stift
Eine weiße Siebentagekerze
Eine Haarsträhne oder einen Tropfen Menstruationsblut oder beides. Falls du gerade nicht menstruierst, kannst du auch drei abgeschnittene Fingernägel verwenden
Gelbe und klare Quarzkristalle

Wie es geht:

- Als Erstes reinigst du dich selbst und deinen Arbeitsraum. Dann läutest du dreimal mit der Glocke, um die im Raum gegenwärtige Energie in Bewegung zu setzen.
- Breite die magischen Hilfsmittel vor dir aus und setze oder stelle dich vor sie. Dann entspannst du, schließt die Augen und atmest dreimal tief ein und aus. Erde dich und hebe dann die Energie im Raum an.
- Stelle ein Salböl her, indem du die ätherischen Öle und Kräuter in der Schüssel mischst.
- Mit dem schwarzen Stift schreibst du auf das Papier ganz genau das, was du manifestieren willst, bis hin zum kleinsten Detail.
- Jetzt verspritzt du ein paar Tropfen der Kräutermischung auf deine aufgeschriebenen Worte – es macht nichts, falls die

Schrift verwischt; es geht darum, etwas von der Mischung mit möglichst allen deinen Worten in Berührung zu bringen.

- Falte das Papier in der Mitte, wobei du die von dir entfernte Kante zu dir hinklappst – so holst du das Begehrte in dein Leben. Lege das Papier beiseite.
- Nimm die Kerze aus ihrem Glas, halte sie in den Händen und verzaubere sie, indem du deine Intention in sie hineinsprichst. Du kannst wiederholen, was du aufgeschrieben hast, oder sie einfach bitten, dir das zu geben, was du willst. Um herbeizurufen, was du dir wünschst, tauche deine Finger in die Kräutermischung und verteile sie von oben nach unten auf der Kerze. Denke beim Salben der Kerze an deine Wünsche: Visualisiere sie, lass sie lebendig und vor deinem inneren Auge Form annehmen, damit die mit ihnen verbundenen Energien von der Kerze aufgesogen werden.
- Als Nächstes nimmst du deine Haarsträhne und benetzt sie mit deinem Menstruationsblut, falls dir welches zur Verfügung steht. Menstruationsblut ist außerordentlich mächtig und hilft dir, du selbst zu sein. Falls du gerade nicht deine Regel hast, kannst du statt der Haarsträhne drei abgeschnittene Fingernägel verwenden und sie mit Speichel benetzen.
- Wickle die Haarsträhne um die Kerze oder, falls du Fingernägel verwendest, drücke sie auf gleicher Höhe und in ungefähr gleichem Abstand um den Docht herum in die Kerze. Gib die Kerze zurück in ihren Behälter und nimm dir einen Augenblick Zeit, um den Energien in deinem direkten Umfeld nachzuspüren. Hole tief Luft und blase deine innere Magie langsam in die noch nicht angezündete Kerze.
- Platziere die Kerze in einem Fenster, damit sie die Energie des Mondes aufsaugen kann, und lasse sie dort über Nacht stehen.

- Reinige dich und deinen Arbeitsraum zum zweiten Mal, die Kerze ausgenommen. Erde dich und sitze einen Augenblick still da, bis du zu dir selbst zurückgefunden hast.
- Am nächsten Morgen bei Sonnenaufgang stellst du die Kerze auf deinen Altar oder an einen anderen Ort, der sich richtig anfühlt. Mache drei tiefe Atemzüge und mit deinem letzten Ausatmen bläst du die Kerze von allen Seiten an, um die Mondenergie in der Kerze einzuschließen. Lege dein Blatt mit dem Manifestationswunsch unter die Kerze und arrangiere die Kristalle darum herum.
- Nun ist die Kerze bereit, um angezündet zu werden. Um das zu manifestieren, was du dir wünschst, solltest du sie vollständig herabbrennen lassen.

Steigerung des inneren Blicks

Als ich drei oder vier Jahre alt war, wurde mir klar, dass etwas in mir mich führen und mir helfen wollte. Es fing damit an, dass ich Gefühle erst zu bestimmten Menschen und dann zu bestimmten Orten entwickelte. Es gab Dinge, die ich instinktiv wusste, ohne zu verstehen, warum. Heute ist mir klar, dass ich mich als Kind über meine eigene Intuition wunderte – dieser innere Sinn, diese höhere Intelligenz, zu der wir alle Zugang haben. Meine intuitiven Fähigkeiten nahmen dermaßen zu, dass ich anfing, Visionen zu haben und aus allen Richtungen Botschaften zu empfangen, sowohl von innen als auch von außen. Ich glaube, dass meine Intuition heute so stark ist, weil ich als Kind die Gewissheit hatte, dass sie meine beste Freundin ist. Sie war das Einzige, was sich wirklich um mich kümmerte. Ich hörte immer auf meine Intuition, und deshalb bin ich heute da, wo ich bin.

Auch deine Intuition führt dich durchs Leben, unterstützt dich dabei, gute Entscheidungen zu treffen oder Dingen und Menschen aus dem Weg zu gehen, die nicht gut für dich sind. Es ist ein wichtiger Aspekt der Hexenkunst, diesen inneren Sinn zu verstärken. Die Magie kann unberechenbar sein, deshalb ist es wichtig, seine Sinne zu schärfen, um zu spüren, was gerade geschieht oder geschehen wird. Erfahrene Hexen nutzen ihre Intuition in Kombination mit ihrem reichen Wissen und ihrer Erfahrung, um Zauber, Heilmittel und Tränke zu erschaffen.

In unserer modernen Welt neigen wir dazu, uns eher auf äußere Quellen zu verlassen als auf unser Bauchgefühl. Aber gibt es ein paar Praktiken, die einfach sind und Spaß machen und dich im Alltag wieder mit deiner Intuition verbinden.

Psychometrischer Zauber für Übersinnlichkeit

Psychometrie ist die Kunst, durch Berührung etwas über Dinge zu erfahren. Die nachfolgende Übung ist ein guter Anfangspunkt, um Übersinnlichkeit zu entwickeln.

Was du brauchst:

Einige kleine, zufällig ausgewählte Objekte von Freunden, die später bestätigen können, was dir deine Intuition über sie verraten hat (Geeignet sind besonders alte Schmuckstücke, alte Spielsachen, Schlüssel oder andere metallene Gegenstände.)

Ein Tablett

Wie es geht:

- Lege die Objekte auf das Tablett und in Reichweite deines Sitzplatzes. Mach es dir bequem und hol ein paarmal tief Luft, um deinen Geist zu leeren.
- Um Energie zu erzeugen, reibe deine Hände aneinander, bis du ihre Wärme an deinen Handflächen spürst. Schließe die Augen, konzentriere dich eine Weile auf deine Atmung und richte dann deine Aufmerksamkeit auf die Objekte.

- Fokussiere dich auf das, was du fühlst, siehst, hörst oder riechst, und gestatte es den Objekten Schritt für Schritt, mit dir in Verbindung zu treten. Stell dir einfache Fragen, um deine Intuition in Gang zu bekommen: »Gehört der Gegenstand einem Erwachsenen oder einem Kind?« »Ist der Besitzer männlich oder weiblich?« »Lebt der letzte Eigentümer noch oder ist er bereits verstorben?« Denke nicht darüber nach, ob die Antworten, die in dir aufleuchten, richtig oder falsch sein könnten – es geht darum, auf das zu achten, was deine Sinne dir mitzuteilen versuchen. Wenn du nichts empfängst, dann ist das auch in Ordnung – deshalb übst du ja. Bleibe geduldig und ruhig.
- Richte deine ganze Aufmerksamkeit auf den Gegenstand. Nimm deine Kommentare zu jedem Objekt auf oder bitte jemanden darum, sie für dich zu notieren. Dadurch verlierst du dich nicht darin, dir deine Gedanken zu den Gegenständen einzuprägen.
- Gehe deine Ergebnisse mit den Freunden durch, deren Gegenstände du zum Üben benutzen durftest, und finde heraus, wie zutreffend deine Intuition war. Mach dir nichts daraus, falls du falschliegst! Es braucht Zeit und zahlreiche Übungsgänge, um deine Intuition zu steigern.

Kristallgitterzauber zur Verstärkung der Intuition

Für ein Kristallgitter arrangierst du Kristalle in einem bestimmten Muster, um starke Intuitionen zu erhalten. Das Gitter verstärkt die Eigenschaften und Kraft der Kristalle. Kristallgitter sind deshalb so praktisch, weil du sie für jede Intuition nutzen kannst. Du kannst das hier abgebildete Muster auf die Größe deiner Wahl kopieren, ein fertiges Gitter kaufen oder dir eins aus dem Internet herunterladen und ausdrucken.

Für diesen Zauber wirst du deine bereits vorhandene Intuition einsetzen, um zu entscheiden, welche Kristalle du wo platzierst. Es gibt kein Richtig oder Falsch. Nimm dir genug Zeit und konzentriere dich auf die Energien, die du durch die Verwendung des Gitters hervorrufst.

Muster für ein Kristallgitter

Was du brauchst:

6–12 kleine Kristalle von bis zu 3 verschiedenen Arten – z. B. Bergkristall, Lapislazuli, Amethyst, Aquamarin oder Zölestin
Ein Kristallgitter

Wie es geht:

- Wähle mithilfe deiner Intuition den Kristall aus, den du für den stärksten hältst, und platziere ihn im Zentrum des Gitters. Ihn bezeichnet man als den Meisterkristall. Verteile intuitiv die übrigen Kristalle auf dem Gitter.
- Führe deine Hand über die Kristalle, um das Gitter zu aktivieren. Stell dir vor, dass ein Lichtstrahl immer einen Kristall mit dem nächsten und schließlich alle miteinander verbindet. Konzentriere dich auf die Vorstellung dieses Lichts, das die Kristalle durchdringt. Jetzt hältst du deine Hand über den Meisterkristall und spürst die Energie, die hier von allen anderen Kristallen kommend zusammentrifft. Nutze sie als Signalfeuer für deine Intentionen und Wünsche.
- Bewahre dein Kristallgitter an einem sicheren Ort auf. Wenn du irgendwann das Gefühl hast, dass es energetisch neu aufgeladen werden muss, kannst du es einfach reaktivieren, indem du die Kristalle reinigst und den beschriebenen Aktivierungsprozess wiederholst.

Hellsichtigkeitsübung für Visualisierung

Der Schlüssel zur Entwicklung deines Sinnes für Hellsichtigkeit ist die Visualisierung. Für die nachfolgende Übung werden Spielkarten verwendet. Ich setze sie gerne mit meinen Kindern und Freunden ein, man kann sie aber auch alleine machen.

Was du brauchst:

Ein Deck Spielkarten

Papier und Stift

Wie es geht:

- Wähle nach dem Zufallsprinzip fünf Spielkarten aus, breite sie mit dem Gesicht nach oben vor dir aus und nimm dir zehn Sekunden Zeit, um sie zu studieren. Schließe die Augen, rufe dir die Karten ins Gedächtnis und bitte deine Freunde, die Karten aus deinem Blickfeld zu nehmen.
- Visualisiere die Karten und schreibe auf, welche es waren – ihre Farben, Muster oder Abbildungen. Bitte deine Freunde, dir die Karten zu zeigen, um zu prüfen, ob du richtigliegst.
- Mit der Zeit wird dir die Übung leichter fallen, also wiederhole sie immer wieder. Versuche dich anfangs an zehn Karten in zehn Sekunden zu erinnern und steigere die Kartenzahl nach und nach.

Die Hexe und der Mond

In der Hexenkunst ist Timing von großer Bedeutung. Auch die verschiedenen Mondphasen im Verlauf des Mondzyklus können sich entscheidend auf die Wirkung eines Zaubers und auf die magische Arbeit auswirken. Manche denken vielleicht, dass sie keine Zeit haben, um auf eine bestimmte Mondphase zu warten. Das ist in Ordnung; jede Hexe entscheidet selbst, wie sie praktiziert. Ich für mich habe allerdings herausgefunden, dass ich mich leichter am natürlichen Fluss des Lebens ausrichten kann, wenn ich nach dem Mond lebe. Außerdem kann ich meine magische Kraft enorm steigern, wenn ich die passende Mondphase für einen bestimmten Zauber wähle.

Ein Mondzyklus, in denen der Mond acht klar voneinander unterscheidbare Phasen durchläuft, dauert ungefähr 29 ½ Tage. Auf den nachfolgenden Seiten erkläre ich die Bedeutung jeder einzelnen Mondphase und gehe darauf ein, welche Vorhaben und Zauber in welcher Phase am erfolgversprechendsten sind. Außerdem gebe ich Tipps für die am besten geeigneten Kristalle. Du kannst sie auf deinen Altar legen, um eine Kerze herum anordnen oder sie für Zauber verwenden, die bestimmte Kristalle verlangen.

Vergiss nicht: Magie fühlt sich für jeden Menschen anders an. Solltest du feststellen, dass bestimmte Zauber in anderen Mondphasen besser funktionieren, dann halte dich an deine eigenen Beobachtungen – es geht darum, *dein* Bewusstsein und *deine* Erfahrungen zu stärken, also darfst du natürlich immer auch deine ganz eigene Version der Hexenkunst erschaffen.

Die acht Mondphasen

Neumond

Der Neumond stellt den Beginn des Mondzyklus dar und damit den idealen Moment für deine neuen Intentionen, die du verwirklichen möchtest. In dieser Mondphase ist der Boden der Erde außerdem am fruchtbarsten, weil der Mond Wasser aus der Tiefe der Erde heraufzieht. Deshalb ist Neumond auch die beste Zeit zum Pflanzen und Säen – nicht nur in deinem Garten sondern auch in deinem Leben. Der Neumond fordert uns auf, Zauber zu wirken, die Neuanfang, Wiedergeburt und Neustart einleiten.

Themen für wirkungsvolle Zauber: Erneuerung, Befreiung, Liebe, Richtungswechsel, persönliche Verbesserung, Manifestation

Geeigneter Kristall oder Edelstein: Der Aquamarin eignet sich zum Heilen oder um die Vergangenheit loszulassen.

Zunehmende Sichel

Diese Phase findet 3 ½ bis 7 Tage nach dem Neumond statt. Der Mond nimmt zu, und genau das ist es, was seine Kräfte bewirken: Wachstum. Diese Mondphase holt außerdem die Dinge ans Licht, die Verbesserung nötig haben, insbesondere solche, denen du dich nicht stellen magst. Sie eignet sich ideal dazu, dich auf dich selbst zu konzentrieren, und sie wird dich darin unterstützen, dein Potenzial voll auszuschöpfen. Vorausgesetzt, du arbeitest an deinen magischen Fähigkeiten und an deiner Selbstentwicklung. Die zunehmende Sichel gibt dir außerdem Antworten, die du tief in deinem Inneren verborgen hast. Sie ist daher eine gute Gelegenheit, dich mit deinen Gefühlen zu den unterschiedlichsten Aspekten deines Lebens, insbesondere zu deinen Beziehungen, auseinanderzusetzen.

Themen für wirkungsvolle Zauber: Mut, Motivation, Inspiration, Standpunktanpassung, Geduld, Heilung

Geeigneter Kristall oder Edelstein: Rosenquarz ist für diese Mondphase ideal, weil seine sanfte, ruhige Energie Liebe und insbesondere Selbstliebe fördert. Er wirkt sich außerdem positiv auf die Leidenschaft aus und zieht romantische Beziehungen an oder verbessert eine gegenwärtige.

Zunehmender Halbmond

Diese Phase bezeichnet die 7 bis 10 ½ Tage nach Neumond. Dieser Mondphase ist geprägt davon, Dinge und Menschen anzuziehen. Ich nutze gerade diese Zeit, um nach verlorenen Gegenständen, Haustieren oder Menschen zu suchen. Suchst du vielleicht einen anderen Arbeitsplatz? Eine neue Liebe? Oder brauchst du mehr Geld? Der zunehmende Halbmond ist die richtige Zeit, um solchen Zielen magisch auf die Sprünge zu helfen.

Themen für wirkungsvolle Zauber: Glück, Reichtum, Erfolg, Liebe, Schutz

Geeigneter Kristall oder Edelstein: Ich empfehle Pyrit (Katzengold), um deine Wünsche zu manifestieren. Das gilt insbesondere dann, wenn du das Gefühl hast, die Erfüllung deiner Wünsche nicht zu verdienen. Pyrit schafft Weisheit, vor allem wenn du um Wohlstand – in finanzieller Hinsicht – in deinem Leben bittest.

Zunehmender Dreiviertelmond

Diese Phase bezeichnet die Tage 10 ½ bis 14 nach dem Neumond. Auch der zunehmende Dreiviertelmond ist eine geeignete Phase, um die Erfüllung deiner Wünsche anzuziehen und zu manifestieren. Allerdings geht es hier eher um innere Stärken und die Motivation, die erforderlich sind, um Aufgaben abzuschließen und Ziele zu erreichen. Ich nutze diese Phase gerne, wenn ich mich an einen Zeitplan halten muss oder wenn ich mich wirksam meiner Aufschieberei entgegenstellen will.

Themen für wirkungsvolle Zauber: Entschlossenheit, Zuversicht, Kraft, Fokus, Klarheit

Geeigneter Kristall oder Edelstein: Karneol vertreibt Ängste, die dich vielleicht davon abhalten, deine Ziele, das Abschließen deiner Aufgaben oder das Umsetzen deiner Projekte zu erreichen.

Vollmond

Diese Phase bezeichnet die Tage 14 bis 17 ½ nach dem Neumond. Wir sprechen von Vollmond, wenn der Mond der Sonne genau gegenüber steht. Von allen Phasen sind mit ihm die stärksten Kräfte verbunden, deshalb sparen sich viele Hexen ihre größte Magie für diese Zeit auf und verschieben kleinere Zauber auf weniger starke Phasen.

Themen für wirkungsvolle Zauber: Spiritualität, Gesundheit, Erfolg, Glück, Veränderung, übersinnliche Entwicklung, Entscheidungsfindung

Geeigneter Kristall oder Edelstein: Der Bergkristall passt am besten zum Vollmond – er ist wie ein Chamäleon: sehr wandlungsfähig und kann zu jedem Zweck eingesetzt werden. Außerdem ist der Bergkristall für sich bereits sehr mächtig und kann immer dann verwendet werden, wenn etwas verstärkt, freigesetzt, angezogen, vertrieben oder geheilt werden soll.

Abnehmender Dreiviertelmond

Diese Phase bezeichnet die Tage 3 ½ bis 7 nach dem Vollmond. Diese Mondphase eignet sich wie auch der Vollmond hervorragend zur Freisetzung und Selbstreflexion. Nutze in dieser Zeit die Gelegenheit, um einen ehrlichen Blick auf dein Leben zu werfen: Befindest du dich gerade da, wo du sein willst? Wie soll es weitergehen? Konzentriere dich auf deine Selbstbesinnung und setze frei, was dich nicht weiterbringt: Sorgen, Blockaden, Ablenkungen und negative Beziehungen zu Freunden und Partnern.

Themen für wirkungsvolle Zauber: Befreiung, gute Gelegenheiten, Prokrastination beenden, schlechte Gewohnheiten, Ängste, negative Gefühle

Geeigneter Kristall oder Edelstein: Der Amethyst hilft dir, schlechte Angewohnheiten zu durchbrechen und bei deiner Intention zu bleiben.

Abnehmender Halbmond

Diese Phase bezeichnet die Tage 7 bis 10 ½ nach dem Vollmond. Diese Mondphase eignet sich, um zum Kern eines Problems vorzudringen und um dich von den Blockaden zu befreien, die dich am Vorankommen hindern. Ich finde, dass Vorhersagen in dieser Phase besonders zutreffend sind. Deshalb nutze ich sie zur Bestimmung der nötigen positiven Veränderungen, um störende Hindernisse aus dem Weg zu räumen.

Themen für wirkungsvolle Zauber: Übergänge, Bewusstsein, Beseitigung von Hindernissen

Geeigneter Kristall oder Edelstein: Die magische Arbeit in dieser Mondphase verlangt Entschlossenheit. Der Heliotrop (Blutstein), der für Mut seht, ist deshalb der ideale Partner für jedes Hexenwerk bei abnehmendem Halbmond. Der Heliotrop hilft beim Entfernen von Hindernissen und beim Öffnen von Türen. Außerdem steigert er Macht und Kraft und unterstützt dich somit beim Erreichen deiner Ziele.

Abnehmende Sichel

Diese Phase bezeichnet die Tage 10½ bis 14 nach Vollmond und hält bis zum Neumond an. Da in ihr der Mond vom Nachthimmel verschwindet, ist sie die Zeit für mächtige Bannzauber von Negativität (auch Chaos), Geistern, Problemen, Stress und Krankheit. Hexen nutzen diese Energie außerdem, um die ganze Welt von verborgenem Übel zu befreien.

Themen für wirkungsvolle Zauber: Bannzauber, Fesselzauber (Beschränkung anderer in ihrem Handeln), Schutzzauber

Geeigneter Kristall oder Edelstein: Schwarzer Turmalin ist eine ausgezeichnete Wahl für Bannzauber. Er stößt niedrige Energiefrequenzen ab, die möglicherweise schädlich sind. Außerdem soll er gegen elektromagnetische Strahlung schützen, kein Wunder also, dass er auch andere potenziell schädliche Quellen bannt.

Die Jahreszeiten der Hexe

Genau wie viele Hexen den Mondphasen folgen, ehren sie auch die Jahreszeiten beziehungsweise den Jahreskreis. Dieser besteht aus zwei Tagundnachtgleichen, zwei Sonnenwenden und den vier Terminen zwischen diesen solaren Kalendertagen. Inzwischen werden diese astronomischen Höhepunkte und traditionell heidnischen Feste auch vom Rest der Welt wieder vermehrt gefeiert.

Für Hexen gibt es in jeder kalendarischen Jahreszeit im Prinzip zwei Festtermine. Die Energien dieser Jahreskreistermine zu nutzen stärkt nicht nur unsere Verbindung zu Mutter Erde, sondern auch unsere magische Kraft.

Manche Hexen feiern alle acht Termine, andere beschränken sich auf die solaren Kalendertage oder treffen eine persönliche Auswahl. Jede entscheidet selbst, welche Termine sie feierlich hervorheben möchte, und auch dir steht die Entscheidung frei, welche für dich die wichtigsten sind.

Dieses Kapitel beinhaltet die wesentlichen Informationen zum Jahreskreis der Hexen und ihren Entsprechungen: Zu Objekten, Kräutern und Kristallen, zu Farben und magischem Wirken. Dieses Wissen ermöglicht es dir, die jahreszeitliche Energie zu nutzen und deine magische Kraft zu stärken. Beispielsweise kannst du deinen Altar mit Stoffen passend zu den Jahreszeiten schmücken oder entsprechende Kräuter oder Räucherwerk verbrennen, um die Energie der Jahreszeit für dich spürbar zu machen. Die Entsprechungen sorgen insbesondere auf deinem Altar dafür, dass die Energie im Fluss bleibt und sich keine dauerhaften Blockaden bilden. Sie unterstützen außerdem deine Magie.

Ich biete dir nicht nur eine Auswahl an Entsprechungen sondern mache auch Vorschläge, wie du die Festtage feiern kannst. Das gibt dir Orientierung, aber wie immer kannst du meine Ideen nach deinen eigenen Anforderungen umgestalten.

Auch so ehrst und feierst du die Jahreszeitfeste, und allein das kann bereits ausreichend sein. Entscheide selbst, wie du den Hexenjahreskreis feiern willst.

Samhain

Auch bekannt als: Winternacht, Halloween
Termin: 31. Oktober auf der Nordhalbkugel; 1. Mai auf der Südhalbkugel
Ehrt und feiert: Vorfahren und Ahnen, Geister, die Verstorbenen
Energien: Tod, Wiedergeburt, Weisheit, Wesen der Nacht, Kommunikation, Freisetzung, Rückkehr
Ideal geeignet für: schützendes Sternanis-Räucherwerk zur Verstärkung der Übersinnlichkeit und allgemein Schutzzauber

Samhain ist der bekannteste Termin im Jahreskreis der Hexen, da er mit Halloween zusammenfällt, wo sogar die Muggel vor die Tür gehen, um ihre magische Seite auszuleben. An Samhain wird des natürlichen Kreislaufs von Tod und Wiedergeburt gedacht. Das Wort stammt aus dem Gälischen und bedeutet »Sommerende«. Es bezeichnet den Punkt, an dem der dunkle Teil des solaren Jahres beginnt. An Samhain werden die Toten, unsere Vorfahren und Geister geehrt und gefeiert. Da zu diesem Termin die Grenze zwischen ihrem und unserem Reich am durchlässigsten ist, gelingt dann auch der Austausch mit ihnen am besten.

Entsprechungen

Magiearbeit

Kommunikation mit den Verstorbenen, Schutz, Kerzenmagie, frühere Leben, Ahnen, übersinnliche Fähigkeiten, Befreiung von schlechten Angewohnheiten, Banne, Selbst, Auflösung von Flüchen

Veränderungen am Altar

Symbole: Kürbis, Lichterketten, Äpfel, Mais, Kalebassen, Herbstblumen, trockenes Laub, Krähen, Geister, Spinnweben, Hexenbesen, Kessel, Knochen, Laternen, Kerzen, der Mond
Farben: Schwarz, Orange, Rot, Weiß, Gold
Kräuter und andere Pflanzen: Beifuß, Knoblauch, Rosmarin, Katzenminze, Brennnesseln, Lorbeer, Studentenblume, Weinraute
Räucherwerk: Weihrauch, Myrrhe, Kopalharz, Sandelholz, Bernstein, Wermut, Beifuß, Patschuli
Kristalle und Edelsteine: Obsidian, Heliotrop, Gagat, Hämatit, Onyx, Rauchquarz, Karneol

Bräuche

Ehrung der Toten: Ehre die Verstorbenen, indem du für sie einen besonderen Altar aufbaust, auf den du Speisen, Getränke, Fotos

oder andere Gegenstände stellst, die ihnen gehört haben oder die in Verbindung mit ihnen eine Bedeutung für dich haben. Manche Hexen ehren die Toten, indem sie vor ihrer Tür Opfergaben wie Nahrungsmittel für vorbeikommende Geister ablegen. Verstorbene Verwandte und geliebte Menschen fühlen sich willkommen, wenn man in der Tür oder im Fenster Kerzen aufstellt.
Stilles Abendmahl: Ein stilles oder stummes Abendmahl ist überall auf der Welt eine beliebte Tradition an Samhain. Die Toten werden geehrt, indem das Essen nicht nur schweigend, sondern auch so geräuschlos wie möglich eingenommen wird. Auch der anschließende Abwasch sollte ohne Geräusche ablaufen. Oft wird bei diesen Abendessen der Tisch auch für die Verstorbenen mit eingedeckt und Speisen auf die Teller gegeben. Wenn du ein stilles Abendmahl abhältst, dann erinnere dich daran, dass es sich um ein heiliges Fest handelt, zünde Kerzen an und sorge für eine friedliche Atmosphäre.

Jul

Alternativnamen: Mittwinter, Wintersonnenwende, Wintersolstitium
Termin: 20.–23. Dezember auf der Nordhalbkugel; 20.–23. Juni auf der Südhalbkugel
Ehrt und feiert: die Rückkehr des Lichts
Energien: Besinnung, Wiedergeburt, Transformation, Kreativität
Ideal geeignet für: Katzenminze-Heilzauber

Das Wintersolstitium ist die längste Nacht des Jahres und wird überall auf der Welt als Rückkehr des Lichts gefeiert, weil sich die Dunkelheit des Mittwinters langsam in das Licht von Frühling und Sommer verwandelt. Der Termin eignet sich für tiefe spirituelle Besinnung im Hinblick auf das kommende Licht.

Entsprechungen

Magiearbeit

Selbstentwicklung, Selbstliebe, Heilung, Nachdenken, Bindezauber (Einschränkung der Handlungen anderer)

Veränderungen am Altar

Symbole: Julscheit, geschmückter Baum, Mistel, Weihnachtsstern (Pflanze), Kiefernzapfen, Kerzen, Tannenzweige, Stechpalme, Kränze, Glocken, Lichter, Engel, Efeu

Farben: Gold, Silber, Rot, Grün

Kräuter und andere Pflanzen: Mariendistel, Tannenzweige, Königsbasilikum, Rosmarin, Mistelzweige, Eiche, Zeder, Weihnachtsstern, Efeu, Wacholder, Zimt, Amaryllis, Zitronenmelisse

Räucherwerk: Kiefer, Zeder, Wacholder, Rosmarin, Lorbeerbeeren, Zimt, Weihrauch, Birke

Kristalle und Edelsteine: Rubin, Diamant, Smaragd, Granat, Quarz, Selenit

Bräuche

Mittwinterwanderung: Zu dieser Jahreszeit bin ich gerne im Freien, insbesondere mit meinen Kindern. Wir gehen im Wald spazieren oder wandern in den Bergen mit Laternen in unseren Händen, sammeln die kleinen Schätze der Natur für unseren Altar und für unseren Julschmuck. Wir umarmen die Bäume, füttern die kleinen Waldtiere, die vielleicht nicht genug zu fressen haben, trinken Kakao oder Tee in der Gegenwart unserer Mutter Erde.

Kerzenritual: Hier handelt es sich um ein Gruppenritual, das meine Ahnen an mich weitergegeben haben. Bilde mit den anderen Teilnehmern einen Kreis um eine große Schale in eurer Mitte. Jeder schreibt mit einem Wort auf ein Lorbeerblatt, was er im kommenden Jahr verwirklichen will. Dann zündet jeder seine Kerze an, legt sein Lorbeerblatt in die Schale und streut etwas Zimt darüber. Alle Kerzen werden dann in einem Kreis um die Schale herum aufgestellt und dürfen vollständig niederbrennen. Im Anschluss werden die beschriebenen Lorbeerblätter in der Erde vergraben.

Imbolc

Alternativname: Lichterfest, Lichtmess
Termin: 1.–2. Februar auf der Nordhalbkugel; 31. Juli–1. August auf der Südhalbkugel
Ehrt und feiert: Reinigung, Frühlingserwachen
Energien: Empfängnis, Erneuerung, Hingabe, Planung, Intentionen beschließen, Ziele
Ideal geeignet für: Betonien-Fußöl für den Neuanfang

An Imbolc wird die Reinigung, das Herannahen des Frühlings und das Erwachen der Göttin in der Erde gefeiert. Es ist die Zeit der Vorbereitung auf die Pflanzsaison und die Zeit des Entrümpelns und des Ordnens, des Reinigens und Segnens unserer geheiligten Plätze, Räume, Altäre und Werkzeuge.

Entsprechungen

Magiearbeit

Wachstum, Reinigung, Läuterung, Manifestation

Veränderungen am Altar

Symbole: weiße Blumen, weiße Kerzen, Brigidakreuz, eingetopfte Blumenzwiebeln

Farben: Weiß, Rot, Grün, Braun

Kräuter und andere Pflanzen: Engelwurz, Basilikum, Lorbeer, Klee, Rainfarn, Weide, Löwenzahn, Kamille, Schöllkraut, Heide, alle weißen Blüten

Räucherwerk: Basilikum, Rosmarin, Myrrhe, Weihrauch, Vanille

Kristalle und Edelsteine: Amethyst, Granat, Onyx, Mondstein, Türkis

Bräuche

Frühlingsreinigung: Imbolc bezeichnet eine Zeit der inneren Reinigung, also bringen wir unser Zuhause auf Vordermann, öffnen die Fenster und kümmern uns um unsere Pflanzen. Außerdem hängen wir Windspiele auf und binden Sträuße mit weißen Blüten. Viele Imbolc-Rituale wenden sich mit Kerzenlicht und gewobenen Ornamenten an die Göttin Brigida. Da bei Imbolc nicht gefeiert oder geschlemmt wird, genieße das Licht, das in dein Haus und in deine Seele gelangt.

Ziele setzen: Eine kluge Hexe plant voraus, also schnapp dir dein Tagebuch und schreibe eine Liste mit den Zielen, die du im neuen Jahr erreichen willst. Fang mit deinem wichtigsten Ziel an und entscheide, wie du jedes neue Ziel anpacken willst.

Ostara

Alternativnamen: Frühjahrstagundnachtgleiche, Frühjahrsäquinoktium
Termin: 19.–22. März auf der Nordhalbkugel; 20.–23. September auf der Südhalbkugel
Ehrt und feiert: den Frühlingsanfang, neues Leben, Wiedergeburt, Liebe, Fruchtbarkeit
Energien: Geburt, Liebe, Sexualität, Fruchtbarkeit, Anfänge, Macht, Kraft, Vollendung
Ideal geeignet für: Weizenzauber für die Briefmanifestation

Überall auf der Welt begehen Menschen dieses Fest, bekannt als Ostern. Ostara würdigt den Frühlingsanfang, neues Leben und Wiedergeburt, Liebe und Fruchtbarkeit. An Ostara überprüfen wir, ob etwas aus dem Gleichgewicht geraten ist.

Entsprechungen

Magiearbeit

Fülle, Manifestation, Gleichgewicht, Loslassen von Unnützem

Veränderungen am Altar

Symbole: Frühlingsblumen, der grüne Mann, Feen, Schmetterlinge
Farben: Pastelltöne, Gelb, Orange, Lavendel, Grün
Kräuter und andere Pflanzen: Engelwurz, Basilikum, Lorbeer, Klee, Rainfarn, Weide, Löwenzahn, Schneeglöckchen, Krokus, Waldlilie, Heidekraut, Iris, Rose
Räucherwerk: Jasmin, Rosmarin, Rose, Lavendel, Ylang-Ylang, Kopalharz

Kristalle und Edelsteine: Amethyst, Rosenquarz, Aquamarin, Mondstein, Türkis

<u>Bräuche</u>
Pflanzen und Säen – mit Intentionen: Wenn du pflanzt oder säst, dann flüstere dabei eine Intention, die verwirklicht werden soll.
Schokoladeneier – mit Intentionen: Dieser Brauch ähnelt der Silvestertradition, zwölf Trauben zu essen und dabei jede mit einer bestimmten Intention zu verbinden. Für diese Ostara-Feier brauchst du zwölf kleine Schokoladeneier und nimmst dir bei jedem Ei einen Augenblick Zeit, um es mit einer Intention zu verbinden, und isst es dann. Das war's!

Beltane

Alternativname: Walpurgisnacht
Termin: 30. April–1. Mai auf der Nordhalbkugel; 31. Oktober auf der Südhalbkugel
Ehrt und feiert: Sexualität, Verlust, Wiedergeburt, Vereinigung von Gott und Göttin
Energien: männlich, weiblich
Ideal geeignet für: Zimtpäckchen zur Liebesanziehung

Beltane ist eine leidenschaftliche, sexuell aufgeladene Nacht, die die Vereinigung von Gott und Göttin feiert. An diesem Tag werden zahlreiche Orgien abgehalten, allerdings ist die Wahrscheinlichkeit gering, dass du bei einem Beltane-Ritual mit einer dieser Orgien konfrontiert wirst. Sie werden sehr diskret geplant und nur in absolut vertrauenswürdigen Gruppen abgehalten. Beltane ist ein beliebter Termin für Heiratsanträge.

Entsprechungen

Magiearbeit

Jede magische Arbeit wird heute besonders mächtig sein, da die Energien auf dem Höhepunkt sind und die Essenzen des Weiblichen und des Männlichen beinhalten.

Veränderungen am Altar

Symbole: Blumen, Blütenkronen, Kränze, rote oder rosafarbene Kerzen
Farben: Grün, Blau, Rosa, Violett, Rot
Kräuter und andere Pflanzen: Wermut, Ginster, Holunderblüten, Fingerhut, Weißdorn, Katzenminze, Studentenblume, Beifuß, Primel, Thymian, Johanniskraut, Winterkirsche (Ashwagandha)
Räucherwerk: Rose, Wachholder, Gewürznelken, Bergamotte, Veilchen, Vanille
Kristalle und Edelsteine: Rosenquarz, roter Aventurin, Saphir, Peridot, Bernstein

Bäuche

Freudenfeuer: Beltane ist eine Zeit des Loslassens, in der man einfach nur ist. Zünde also ein Freudenfeuer an und tanze darum herum. Lache laut und herzlich. Der Tanz um den Maibaum macht einen Heidenspaß, wenn einer für dich erreichbar ist und du genug Freunde und einen Anführer auftreibst, mit denen du dich zusammentun kannst.
Behaglichkeit: Du willst lieber einen gemütlichen Abend zu Hause mit deinen Liebsten verbringen? Dann feiere Beltane, indem ihr zusammen kocht, bastelt oder einander die Haare mit Blumen schmückt – seid fröhlich und unbeschwert, verführerisch und verspielt.

Litha

Alternativnamen: Mittsommer, Sommersonnenwende, Sommersolstitium
Termin: 20.–23. Juni auf der Nordhalbkugel; 20.–23. Dezember auf der Südhalbkugel
Ehrt und feiert: Potenz, Wachstum, Erfolg
Energien: Wachstum, Heilung, Liebe
Ideal geeignet für: Ingwer-Badezauber für einen guten Projektabschluss

Litha ist der längste Tag des Jahres, an dem der Sonnengott den Höhepunkt seiner Potenz erreicht hat und die Sonnengöttin ein Kind erwartet. Zu dieser Zeit wachsen die Pflanzen üppig und die Erde ist fruchtbar und glücklich.

Entsprechungen

<u>Magiearbeit</u>
Kommunikation mit Naturgeistern, Liebe, Schutz, Heilung, Reichtum

<u>Veränderungen am Altar</u>
Symbole: die Sonne, gelbe Kerzen, Blumen (insbesondere Rosen und Sonnenblumen), Flusskiesel, Muscheln, Sand, frisches Fluss- oder Meerwasser
Farben: Grün, Gelb, Gold, Rot
Kräuter und andere Pflanzen: Brennnesseln, Eisenkraut, Lavendel, Thymian, Farn, Schafgarbe, Johanniskraut, Eiche, Fenchel
Räucherwerk: Sandelholz, Weihrauch, Myrrhe, Palo Santo, Bernstein, Kopalharz, Bergsalbei, Moschus
Kristalle und Edelsteine: Smaragd, Jade, Gold, Sonnenstein

Bräuche

Versammlung: Geh in die Natur und versammle dich dort mit Freunden, zum Beispiel für einen Trommelkreis. Macht ein Picknick und freut euch an der Schönheit unserer Mutter Erde, während die Sonne euch mit ihren Strahlen segnet.

Sonnenwasser: Gieße am Vorabend von Litha Wasser in eine Schale und dekoriere sie ringsherum mit Sommerblumen und Kristallen beziehungsweise Edelsteinen (*siehe oben*). Lass die Schale im Freien oder an einem Fenster im Sonnenlicht stehen, bis die Sonne untergeht. Das Wasser hat nun die Tagesenergie aufgenommen und kann für Tees, Zauber, Tinkturen, Bäder und so weiter verwendet werden.

Lammas

Alternativnamen: Schnitterfest, Lughnasadh
Termin: 1. August auf der Nordhalbkugel; 2. Februar auf der Südhalbkugel
Ehrt und feiert: erste Ernte, Fülle
Energien: Wohlstand, Reichtum, Erfolg, Dankbarkeit
Ideal geeignet für: Vergrabener-Apfel-Luzerne-Zauber

An Lammas ehren und feiern wir die erste Ernte des Jahres, das Einbringen von Weizen, Roggen, Gerste, Hafer und Hopfen. Wir versammeln uns und danken für die Fülle dieser Grundnahrungsmittel, die uns im neuen Jahr versorgen werden.

Entsprechungen

Magiearbeit

Fülle, Wohlstand, Erfolg, Reichtum, Geld, Glück, Transformation

Veränderungen am Altar

Symbole: Brotkörbe, Kessel mit gelben, roten oder orangefarbenen Blumen; Mais; frische Kräuter; aufgehängte Gebinde mit getrockneten Kräutern; Weizen-, Gerste- und Roggenären
Farben: Orange, Gelb, Grün, Braun, Bronze
Kräuter und andere Pflanzen: Weizen, Gerste, Hafer, Roggen, Hopfen, Maisstauden, Sonnenblumen, Ringelblumen, Minze, Eiche, Stockrosen, Mädesüß
Räucherwerk: Eukalyptus, Rose, Hagebutte, Rosmarin, Zitronenmelisse, Färberdistel
Kristalle und Edelsteine: Smaragd, Karneol, gelber Quarz, Katzenauge

Bräuche

Maispuppe anfertigen: Ehre die Getreidegöttin, indem du eine Maispuppe als Symbol für die Ernte anfertigst. Verarbeite beim Basteln deine Intention der Dankbarkeit mit hinein. Viele Menschen ziehen ihren Maispuppen etwas an, geben ihnen Namen, behalten sie bis zum Frühling und geben sie dann zusammen mit der neuen Saat an die Erde zurück.
Brotbacken: Ich bin der Meinung, dass Brotbacken sowohl therapeutische als auch magische Wirkung hat und außerdem gar nicht so schwer ist, wie du vielleicht denkst, wenn du noch nie Brot gebacken hast. Das Verarbeiten von Getreide ist ideal, um Lammas zu würdigen. Das Hinzufügen von Kräutern unterstützt den Effekt noch. Ich liebe Brot mit Rosmarin und Thymian.

Mabon

Alternativnamen: Herbstfest, Herbsttagundnachtgleiche, Herbstäquinoktium
Termin: 20.–23. September auf der Nordhalbkugel; 20.–23. März auf der Südhalbkugel
Ehrt und feiert: zweite Ernte, Altern, Tod, die Geisterwelt
Energien: Nachdenken, innere Einkehr
Ideal geeignet für: Zitronengras-Reinigungsmittel zur Verstärkung der Intuition

Da nun die Tage kürzer werden und wir uns auf den Winter vorbereiten, feiern wir mit Mabon die zweite Ernte des Jahres und den Wechsel der Jahreszeiten. Außerdem würdigen wir den Kreislauf des Alterns und Sterbens, die Geisterwelt, genauso wie den grünen Mann – den Waldgott – und das Altern der Göttin, die nun nicht mehr die Mutter, sondern die alte Weise ist.

Entsprechungen

<u>Magiearbeit</u>
Wohlstand, Schutz, Gleichgewicht, Akzeptanz, Erinnerung, Weissagung

<u>Veränderungen am Altar</u>
Symbole: Tannenzapfen, Eicheln, Mais, Äpfel, Tierhörner, Efeu, Mohnblumen, Girlanden, Weizenähren, Kränze, Rasseln, alle Herbstblumen
Farben: Rot, Rotbraun, Orange, Braun, Gold
Kräuter und andere Pflanzen: Geißblatt, Studentenblume, Wolfsmilch, Zeder, Kiefer, Eiche, Ahorn, Styrax, Farn, Myrrhe, Tabak, Distel

Räucherwerk: Benzoeharz, Zimt, Myrrhe, Mariengras, Eichenmoos, Patschuli
Kristalle und Edelsteine: gelber Achat, Lapislazuli, Karneol, Saphir

Bräuche
Vorbereitung: Plane im Voraus und sammle in dieser Jahreszeit Kräuter und Blüten zum Trocknen für deine Zauber, Tinkturen und deine magische Arbeit in den kommenden Monaten. Jetzt ist es an der Zeit, sich einzudecken, liebe Hexen.
Herbstfreude: Hexen fühlen sich zu allem hingezogen, was der Herbst an Schönem mit sich bringt – zum Sammeln von bunten Blättern, zum Aushöhlen von Kürbissen, zu warmen Speisen und Getränken, die unsere Seelen trösten. Vergiss nicht, den Bäumen Trankopfer zu reichen, die Gräber der Verstorbenen zu schmücken und den Blumen wie auch den alten Bäumen für ihre Weisheit und ihre Heilung zu danken.

Wie du die Feste des Hexenjahreskreises feierst und wie du dich an ihre Entsprechungen hältst, bleibt dir überlassen. Sei kreativ und habe Spaß dabei. Am wichtigsten ist, dass du eine Verbindung zwischen dir und den Elementen sowie unserer Mutter Erde herstellst. Du lebst nicht *mit* der Natur, du *bist* Natur. Also pflege und achte sie wie dich selbst.

TEIL DREI:

PRAKTISCHE MAGIE

Verbinde dich mit deiner inneren Hexe

Als ich sieben Jahre alt war, schenkte mir meine Großmutter ein Tagebuch. Dafür bin ich ihr noch immer sehr dankbar. Es war blau und auf dem Umschlag war Arielle. (Den Umschlag mochte ich nicht, aber das behielt ich für mich.) Ich lief sofort in mein Zimmer und zog mich in mein Versteck im Wandschrank zurück. Ich zündete meine Laterne an, öffnete das Tagebuch und starrte es an. Mir fiel nichts ein, was ich hineinschreiben könnte, also zeichnete ich. Ich zeichnete Sterne und einen großen Mond. Dazu den Friedhof, der gegenüber auf der anderen Straßenseite lag, und noch ein paar Geister. Ich betrachtete, was ich gezeichnet hatte, und aus irgendeinem Grund schrieb ich neben den Mond »Vollmond« und beschriftete dann alles, was ich gezeichnet hatte: Neben die Sterne schrieb ich »Sterne«, neben die Wolken »Wolken« und so weiter.

Es war etwas vollkommen Neues für mich, meine Zeichnungen so zu beschriften, und dann fiel mir das große rote Buch ein, in das meine Mutter immer Eintragungen machte, das ich aber nie berühren durfte. Ich lief in die Küche, um einen kurzen Blick in das Buch werfen zu können. Als sie gerade nicht hinsah, nutzte ich meine Chance. Wow! Zu meiner Überraschung war das Buch voll beschrifteter Zeichnungen und Texte. Ohne sich zu mir umzudrehen (ich bin mir ganz sicher, dass sie auch im Hinterkopf Augen hatte), sagte sie: »Schau es mit den Augen an, nicht mit den Fingern. Mach es nicht nach, sondern lass dir selbst etwas einfallen.« Ich wollte wissen, wieso sie Gemüse und Pflanzen zeichnete, und sie antwortete: »Ich halte gerne fest, was sie zu mir sagen.« Ich sah sie nur an und dachte: *Du sprichst mit Sellerie? Was könnte der Sellerie dir denn überhaupt zu sagen haben?*

Seitdem schrieb ich alle meine Geheimnisse und Gedanken in mein Tagebuch und zeichnete die Dinge, die mit mir sprachen. Nach und nach verstand ich, welchen Zweck das große rote Buch für meine Mutter erfüllte, und seit diesem Zeitpunkt führe ich das, was ich heute »Hexentagebuch« nenne.

Buch der Schatten und Grimoire

Viele Hexen führen ein Grimoire und ein Buch der Schatten. Ein Grimoire ist eine Art persönliches Handbuch für Hexen, in dem sie ihre eigenen Zauber, Tränke und anderen Hilfsmittel eintragen, die sie verwenden. Außerdem machen sie sich darin Notizen über die magischen Eigenschaften von Kristallen, Kerzen, Kräutern und Pflanzen, deren Verwendung bei ihnen die beste Wirkung gezeigt hat. Es sind die Aufzeichnungen einer Hexe über ihre eigenen Recherchen und Entdeckungen, eine Sammlung auf die sie zurückgreifen kann, wenn sie es für nötig hält.

Ein Buch der Schatten hingegen ist eher eine Art persönliches Logbuch, in dem eine Hexe ihre Erfahrungen mit den unterschiedlichsten magischen Praktiken aufschreibt. Auch ihre Träume und deren Deutung oder andere magische Ereignisse hält sie darin fest.

Beide Bücher helfen dabei, die innere Kraft und Energie einer Hexe zu manifestieren und zu verstärken.

Lass dir von niemandem erzählen, wie du dein Buch der Schatten oder dein Grimoire gestaltest. Halte dich an das, was für dich am besten funktioniert. Du musst nicht einmal unbedingt beide haben, und wenn doch, dann musst du sie auch nicht strikt voneinander trennen. Du kannst ein Buch der Schatten führen und dort außerdem deine Forschungsergebnisse eintragen. Diese Verschmelzung bezeichne ich dann als »Hexentagebuch«, und es ist das, was ich selbst führe und überallhin mitnehme. Ich verwende dazu große, stabile Notizbücher und fange einfach ein neues an, sobald das alte voll ist. Andere Hexen bevorzugen Ringhefter, damit sie Seiten hinzufügen und entfernen können.

Wie immer du deine Aufzeichnungen machen willst, ob in einem Buch der Schatten, einem Grimoire oder einem Hexentagebuch, sei dir darüber im Klaren, dass diese Bücher für dich heilig sind, und behandle sie mit entsprechender Liebe, Sorgfalt und Respekt. Niemand darf in ihnen lesen oder sie auch nur in die Hand nehmen, der nicht deine ausdrückliche Erlaubnis hat. Bewahre sie an einem sicheren Ort auf und beschütze sie.

Segnungsritual für dein Buch der Schatten, Grimoire oder Hexentagebuch

Segne dein Buch der Schatten, Grimoire oder Hexentagebuch, bevor du etwas hineinschreibst. Dadurch gibst du ihm zusätzlich Schutz. Dieses Ritual ist auch dann möglich, wenn du dein Buch bereits benutzt, es aber noch nicht gesegnet hast.

Was du brauchst:

Getrocknete Kräuter, wie zum Beispiel Basilikum oder Weinraute; oder Räucherwerk wie Kopalharz oder Weihrauch
Dein Buch der Schatten, Grimoire oder Hexentagebuch
Ein Stoffstück, das größer als dein Buch ist
Eine weiße Kerze
Eine kleine Schale mit Salz

Wie es geht:

- Beginne mit deinem Ritual, indem du einen geheiligten Raum schaffst, der frei von negativen Energien ist. Suche dir einen Platz, an dem du ungestört bist, um beruhigende oder andere gewünschte Energien zu erzeugen, indem du die passenden Kräuter, Harz oder Räucherwerk verbrennst.
- Setz dich auf den Boden und lege das Buch vor dich auf den Stoff, mit der Vorderseite nach oben und mit der schmaleren Seite dir zugewandt. Zünde die Kerze an und stelle sie rechts vom Buch ab. Platziere die Schale mit dem Salz links vom Buch.
- Nun konzentrierst du dich auf dich selbst. Beruhige deinen Körper und leere deinen Geist mit einem der Meditationsvorschläge aus dem zweiten Teil dieses Buches. Wenn du dich bereit fühlst, öffne die Augen und nimm eine kleine Menge Salz. Streue es über dein Buch, während du entweder laut oder in Gedanken diese Worte sprichst: »Buch über mein Heiligstes, du bist nun rein. Möge deine Reinheit bestehen bleiben und dein Licht leuchten.« Du kannst auch andere ähnliche Sätze sagen. Nun drehe das Buch um und wiederhole den Vorgang.
- Dann hältst du deine rechte Hand über die Kerze – nicht so dicht, dass du dich verbrennst, aber doch so, dass du die Wärme der Flamme spürst. Schließe deine Augen für zehn Sekunden. Nimm nun das Buch mit deiner linken Hand und lege deine rechte Hand mit der Handfläche auf das Buch. Stell dir vor, wie die Wärme und Energie aus deiner Hand in das Buch hineinsinkt und es mit Licht füllt.
- Sobald du dazu bereit bist, sprichst du die Worte: »In diesem Buch leben Geist und Magie. Niemand darf in seine heiligen Seiten eindringen, außer die Person ist von mir dazu bestimmt. Möge das Buch von der Macht der Zaubersprüche

beschützt werden, die ihm eingeflüstert wurden, den Sprüchen aus meinem Mund und meinem Herzen. Kein Schaden soll meinem verzauberten Buch zustoßen, denn ich habe es mit meiner eigenen Magie versehen und mit meiner eigenen Hand versiegelt.« Auch hier sind die Worte nur als Beispiel zu verstehen.

Eintragungen in deinem Buch der Schatten oder Grimoire

Was du in dein Buch der Schatten oder in dein Grimoire einträgst, ist wieder ganz deine eigene Entscheidung, dennoch gibt ein Reihe von Themen, zu denen eine große Zahl von Hexen Eintragungen macht.

Nachfolgend meine fünf Must-haves:

Verbindungen beziehungsweise Entsprechungen

Verbindungen gehören zum Wichtigsten, was dein Buch enthalten sollte. Diese Entsprechungen können sich auf Kräuter und ihre Verwendung beziehen, Kristalle und Edelsteine, Farben oder auf die Mondphasen.

Magische Rezepte und Hilfsmittel

Am liebsten schreibe ich die von mir selbst entwickelten magischen Rezepte in mein Hexentagebuch. Als ich anfing, in mein Buch zu schreiben, notierte ich auch Rezepte, die ich in anderen Büchern gefunden hatte. Inzwischen sind aber alle Rezepte von mir selbst. Aufgenommen werden sollten Rezepte für Tränke,

Sprüche, Tinkturen, Heilmittel, deine magischen Rituale und so weiter, aber nur dann, wenn du sie selbst praktiziert hast und mit ihnen erfolgreich warst. Tatsächlich trage ich *alle* Rezepte ein und streiche dann die durch, mit denen ich nichts bewirken konnte, und ergänze sie um einen entsprechenden Bericht. Dann verändere ich sie so lange, bis ich mit ihnen erreiche, was ich mir erhofft habe. Du kannst auch Kochrezepte mit magischen Eigenschaften notieren, insbesondere dann, wenn sie zu den bereits erwähnten magischen Festen gehören. Schreibe außerdem auf, welche Erfahrungen du mit den Hilfsmitteln machst, die du für deine Kunst verwendest.

Die Jahreszeiten und der Mond

Es ist sehr nützlich, wenn man die Mondphasen nachschlagen kann, ihre Bedeutung und Kräfte und welche Magie sich für die jeweilige Phase eignet. Nützlich sind auch Notizen zum Jahreskreis der Hexen und zu anderen wichtigen astrologischen Geschehnissen. Schreib dir Zauber, Rituale, Künste und so weiter zu den jeweiligen Jahreszeiten auf.

Persönliche Resultate

Hier meine ich nicht deine magischen Forschungsergebnisse, sondern die ganz persönlichen Dinge, die du herausfindest, die du liebst und zu schätzen weißt, wie etwa Blumen, Federn, Bilder oder Zitate – alles, was dich besonders anspricht. Klebe diese Dinge, wenn möglich, in dein Buch hinein und schreibe dazu, warum du sie ausgewählt hast. Je persönlicher sie sind, umso wirkungsvoller werden ihre Energien sein.

Zeichen und Botschaften

Ich nehme die Botschaften und Zeichen, die meine Umgebung mir sendet, ganz bewusst wahr und schreibe sie alle auf. Wenn ich beispielsweise über etwas nachdenke, wofür ich eine Lösung oder eine Bestätigung brauche, und wenn dann etwa eine Feder dahergeflogen kommt und meine Nase berührt, dann werte ich dies als ein Zeichen. Ich würde dann über diese Feder meditieren, eine entsprechende Erklärung mithilfe meiner Geistführer und Ahnen finden und das Ganze entsprechend in meinem Buch festhalten. Gewöhne dir an, über deine Kommunikation mit Ahnen und Geistern Buch zu führen. Aufzeichnungen zu bestimmten Ereignissen und was sie für dich bedeuten, sind sehr wichtig, denn Zeichen und Botschaften bedeuten für jeden etwas anderes. Sie aufzuschreiben hilft dir außerdem, sich an sie zu erinnern und so auch Zugang zu ihnen zu haben, wenn du dein Buch einmal nicht zur Hand hast.

Einen Altar aufbauen

Jede Hexe braucht einen heiligen Platz, für gewöhnlich einen Altar, an dem sie Gottheiten, Ahnen oder was immer sie will, verehrt und ihre Magie praktiziert. Außerdem ist der Altar ein Ort, an dem man nachdenken, dankbar sein, sich neu einstimmen, zentrieren und wieder zu sich kommen kann. Dein Altar ist ein Ort, der den Sinn, den du in deinem Leben siehst, und dich widerspiegelt. Wenn du an ihm vorbeikommst, erinnert er dich daran, dass du dich deiner Kunst und dir selbst widmen sollst.

Dein eigener Ort

Ein Altar sollte immer so einzigartig sein wie die Person, die ihn errichtet hat. Er muss nicht besonders kunstfertig oder mit teuren Hilfsmitteln ausgestattet sein. Er kann einfach nur aus einer Kerze und ein paar Kleinigkeiten bestehen, die dir etwas bedeuten. Fokussiere dich auf das, was dir am wichtigsten ist.

Für die Einrichtung deines Altars konzentriere dich als Erstes auf den Standort. Er kann sich im wahrsten Sinne des Wortes überall befinden – abhängig natürlich von den Räumlichkeiten, die dir zur Verfügung stehen, solange du und der Altar ungestört bleiben. Falls du mit anderen Menschen zusammenwohnst, willst du vielleicht eine Abgrenzung durch einen Vorhang schaffen. Als meine vier Geschwister und ich noch klein waren, hatte meine Mutter ihren Altar in einem Zimmer eingeschlossen. Im College verwahrte ich meinen Altar in einem Koffer unter meinem Bett und holte ihn nur dann heraus, wenn mir danach war. Er war immer gut sortiert und aufgeräumt, und ich wickelte meine Hilfsmittel sorgfältig ein, bevor ich sie wieder verstaute. (Das ist besonders dann sinnvoll, wenn du deine Kunst für dich behalten willst.) Du findest vielleicht eine Ecke in deiner Wohnung, in der du ein kleines Regal oder ein Tischchen aufstellen kannst. Auch die Ablagefläche einer Kommode oder ein Fach in einem Schrank kann sich für einen Altar eignen.

Erst vor Kurzem lernte ich eine Mutter und ihre Tochter kennen, die ihren gesamten Dachboden in ihren heiligen Raum verwandelt hatten. Ist das nicht eine wunderbare Idee? Mein neunjähriger Sohn hat seinen Altar auf seiner Kommode vor seinem Aquarium. Eine Freundin hat ihren draußen unter einem Baum mitten in ihrem Garten. Finde heraus, was am besten zu dir passt, und denke daran, dass sich ein Altar nicht immer am gleichen Ort befinden muss; er kann so oft umziehen, wie du es für richtig hältst.

Was auf dem Altar stehen kann

Nachfolgend mache ich dir Vorschläge, was auf deinem Altar oder an deinem geheiligten Platz stehen kann. Aber selbstverständlich bist du in deiner Auswahl vollkommen frei.

Bilder
In vielen Kulturen und Traditionen ist es üblich, Fotos, Gemälde oder kleine Figuren von Göttern, Göttinnen, Heiligen, Mentoren oder Ahnen aufzustellen. Vielleicht möchtest du das ebenfalls mit Dingen tun, mit denen du dich verbunden fühlst.

Persönliche Gegenstände
Es ist wichtig, dass du Dinge ergänzt, die für dich eine persönliche Bedeutung haben. Das kann ein Schmuckstück sein, das du geerbt hast, ein Gegenstand, der einem deiner Vorfahren gehörte, eine Feder, die in einem Moment zu dir kam, als du gerade Führung nötig hattest, Kristalle, Edelsteine oder Muscheln. Auch Symbole deiner Religion sind hier gut aufgehoben.

Kerzen, Rauch und Duft
Auf Altären werden für gewöhnlich Kerzen, Kräuter oder Räucherwerk angezündet oder ätherische Öle aufgestellt. Ich mag es, wenn auf meinem Altar alle Elemente in irgendeiner Form zu finden sind. Ich passe gerne die energetische Ausstrahlung meines Altars an, indem ich Dinge entferne oder hinzufüge, je nachdem, was ich an einem bestimmten Tag dort vorhabe. Außerdem verwende ich gerne Düfte, die zu der jeweiligen Jahreszeit gehören.

Jahreszeitlicher Schmuck
Mir gefällt es, wenn mein Altar den Jahreszeiten entsprechend dekoriert ist. Dann wird es leichter, sich die jeweilige jahreszeitliche Energie zunutze zu machen, und verstärkt die Wirkung deiner magischen Arbeit. Zum Julfest könntest du deinen Altar beispielweise in den Farben Rot und Grün dekorieren, und deine Kerzen oder eine Schale, in der du deine Kräuter verbrennst, in

diesen Farben wählen. Sammle Kiefernzapfen, schmelze Schnee in einem Behälter und gib ihnen einen Platz auf deinem Altar.

Inspirationen zur Fokussierung
Zu den liebsten Gegenständen auf meinem Altar gehören Pflanzen, Blumen, mein Hexentagebuch, Gedichte und andere Dinge, die mich dazu inspirieren, fokussiert zu bleiben. Außerdem habe ich dort meine Lieblingsbilder und -fotos aufgehängt. Auf meinem Altar sind lauter Dinge, die mich zu mir selbst zurückführen und mich daran erinnern, welcher Geist in mir lebt.

Verbringe jeden Tag wenigstens zehn Minuten an deinem Altar oder in deinem geheiligten Raum. Bete oder meditiere dort oder schenke ihm einfach für eine Weile deine Aufmerksamkeit. Achte darauf, dass dieser Ort immer sauber und ordentlich ist. Reinige ihn so oft wie möglich von negativen Energien. Später im Buch habe ich ein Zitronengras-Reinigungsmittel für die Verstärkung der Intuition hinzugefügt, das wahre Wunder wirkt.

Weisheit der Ahnen nutzen

Unsere Ahnen bieten uns Führung, Weisheit und Lektionen sowie Schutz, Heilung und Wachstum. Eine starke Verbindung mit unseren Vorfahren führt zu tieferem Verständnis und zu größerer Spiritualität. Schon allein deshalb ist es wichtig, dass du die Verbindung zu deinen Ahnen suchst.

Die dir am meisten vertrauten Ahnen sind vermutlich diejenigen, die eine physische Gestalt und menschliche Erfahrungen hatten. Es gibt jedoch auch die Ahnen des Landes, die über das Land wachen, mit dem sie sich verbunden fühlen. Sie sind insbesondere für jene wichtig, die noch immer auf dem Land ihrer Vorfahren leben. Mit Geisterahnen hat deine Seele schon in vielen vorangegangenen Leben zusammengearbeitet, oder sie sind mit deiner Familie verbunden. Sie können als Engel, Götter, Göttinnen, Geistführer, Schutzengel von anderen Planeten und so weiter in Erscheinung treten. Meine liebsten Ahnen sind unsere Berge, Bäume, Pflanzen, Tiere, Flüsse und Meere und unsere Mutter Erde selbst. Ich arbeite jeden Tag mit ihrer Energie.

Wir stammen alle von Heilern, weisen Frauen und Männern, Medizinmenschen (heute eher als Kräuterkundige bekannt), Visionären, Aktivisten und Kriegern ab. Wir haben unseren

Ursprung in der Vorgeschichte unserer Ahnen, die einmal auf der Erde gelebt haben. Sie konnten weiterexistieren, weil sie in Übereinstimmung mit ihrer natürlichen Umgebung – mit den Tieren, Sternen, dem Mond, Land und den Geistern – gelebt haben. Auch in dir wohnt altes Wissen. Es ist ein Teil von dir und wird es immer bleiben, eine spirituelle Verzauberung, die dich durch dein Leben begleitet.

Am besten kannst du dir das Ahnenwissen zunutze machen, indem du direkt mit deinen Vorfahren in Verbindung trittst. Nervosität ist am Anfang dieser Reise vollkommen normal. Wie bei allem anderen ist auch hier Übung erforderlich. Gib also nicht auf.

Allerdings kann es auch passieren, dass sich deine Ahnen so dringend mit dir austauschen wollen, dass sie sofort mit der Kommunikation beginnen, wenn sie deine Bereitschaft spüren. Am Anfang kommst du dir vielleicht komisch vor oder hast Zweifel, aber wenn du diese Gefühle erst einmal überwindest und es dir gestattest, offen und ohne Vorurteile an die Sache heranzugehen, wirst du die Botschaften empfangen, die zu dir gelangen wollen. Probier es aus. Übe am besten täglich oder sooft du kannst. Wenn du dich nicht wohlfühlst, allein damit zu experimentieren, dann suche dir Unterstützung von jemandem, der Erfahrung auf diesem Gebiet hat.

Ein Ahnenschrein

Ein Ahnenschrein oder -altar ist ein guter Weg, um die Vorfahren zu ehren, mit ihnen zusammenzuarbeiten und um dir deine Verbindung zu ihnen bewusst zu machen. Der Ahnenaltar fungiert als Trittstein zwischen den Welten und bindet große

Mengen von Energie. Richte ihn also dort ein, wo er niemanden stört – also nicht im Schlafzimmer – und sich niemand, vor allem nicht Kinder und Haustiere, an ihm zu schaffen macht.

Dein Ahnenaltar kann so aussehen, wie auch immer du ihn dir vorstellst. Lass dich von deiner Intuition leiten und füge Dinge hinzu, die dir etwas bedeuten. Hier ein paar Ideen:

Bilder und Fotos
von deinen Vorfahren

Erbstücke
Geeignet sind Erbstücke oder andere Objekte, die eine Verbindung zwischen dir und deinen Ahnen herstellen.

Heilige Objekte
Auf den Ahnenaltar gehören heilige Gegenstände, die deine Vorfahren als solche erkennen würden. Einige meiner Ahnen waren katholische Hexen, also habe ich eine alte Bibel, einen Rosenkranz und Bilder von Heiligen auf meinem Altar, mithin lauter Gegenstände, die ihnen etwas bedeutet hätten. Andere Hexen in meiner Familie praktizierten Santería, Hoodoo und Schamanismus. Ich selbst bin Kubanerin mit afrikanischen, spanischen und indianischen Wurzeln, deshalb ist mein Ahnenaltar sehr bunt und ehrt meine Vorfahren auf sehr unterschiedliche Art und Weise.

Licht
Kerzen, Laternen oder das Licht der Sonne gehören auf jeden Altar. Ihr Licht ist gut geeignet, um deinen Altar zu beleuchten, außerdem kannst du Kerzen und Leuchten immer dann anzünden, wenn du den Geburtstag eines deiner Ahnen feiern oder einen jahreszeitlichen Festtag feiern willst.

Persönliches
Persönlich sind Gegenstände dann, wenn sie entweder schon immer mit dir verbunden sind oder aber von deinen Ahnen einbezogen werden. Dazu können Kristalle oder Edelsteine gehören, bestimmte Kräuter, Räucherwerk, Pflanzen, Elemente oder Kunstwerke.

Wenn du nichts über deine Vorfahren weißt, dann folge einfach deiner Intuition und stelle das auf, was sich für dich richtig anfühlt. Glaube mir, deine Ahnen werden dich wissen lassen, was sie wollen.

Selbstschutz

Bevor du deine magische Arbeit aufnehmen oder dich überhaupt darauf vorbereiten kannst, musst du dich erst einmal gegen Geister schützen, die vielleicht nicht dein Wohl im Sinn haben. Es ist ein Jammer, aber leider sind nicht alle Geister »gut«, und vor denen solltest du dich verschließen. Du musst sicherstellen, dass du nur Verbindungen mit Geistern herstellst, die dein Bestes wollen.

Im Folgenden die einfachsten Vorschläge, um dich zu schützen:

- *Reinige* vor und nach deiner magischen Arbeit den Raum mit dem Rauch von Kräutern oder mit Räucherwerk von negativen Energien und den Energien von Freunden und Familienangehörigen, die sich in der Nähe aufgehalten haben.
- Verwende *Kristalle oder Amulette* mit schützenden Eigenschaften, wie etwa Obsidian, Amethyst oder Rauchquarz.
- Zünde *schützende Kerzen* an: Schwarze oder weiße Kerzen

sind die wirkungsvollsten. Vergewissere dich, dass du die Kerze spirituell gereinigt hast, bevor du sie verwendest. Halte dann die Kerze in deiner Hand und sprich ein Gebet oder einen Zauberspruch, mit dem du die Kerze bittest, dich zu beschützen.

- *Entscheide ganz klar*, wer zu deinem Ahnenaltar kommen darf. Lass keinen Zweifel daran, dass du nur mit Geistern in Kontakt trittst, die dir helfen und dich unterstützen wollen.
- Ziehe *energetische Grenzen*, indem du dich in einer Lichtkugel visualisierst. Verkünde dann, entweder laut oder in Gedanken, wem oder was du Zugang zu deinem heiligen Raum gewährst. Zum Beispiel: »Ich lasse nichts Negatives oder irgendetwas zu, was anderes als mein Bestes im Sinn hat. Ich gewähre weder schlechten Geistern noch irgendwem oder irgendetwas mit bösen Absichten Zugang.«

Die Kommunikation mit den Ahnen

Der Austausch mit den Ahnen kann auf viele Arten erfolgen, und du wirst bei der Erforschung dieses Prozesses schnell herausfinden, welche Herangehensweise für dich am besten passt.

Am einfachsten ist es, Fragen zu stellen: Sprich mit deinen Vorfahren und erinnere dich daran, dass sie immer da sind und sich nach dem Kontakt zu dir sehnen. Wenn du die Namen deiner Ahnen kennst, beginne einfach ein Gespräch mit demjenigen, zu dem du Kontakt aufnehmen möchtest.

Manche von uns sind stärker übersinnlich veranlagt als andere und können ihre Ahnen rascher fühlen, hören oder sogar sehen. Die meisten jedoch müssen ihre Sinne erst schulen. Am besten funktioniert das, indem du auf alle Zeichen achtest und sie alle ernst nimmst. Höre auf deine Intuition und bleibe wachsam.

Es bedarf manchmal jahrelanger Übung, bis es endlich gelingt, versuche deine Bemühungen am Anfang also nicht unnötig kompliziert zu machen, sondern arbeite dich langsam zu rituellen Praktiken größerer Intensität vor. Erledige deine Hausaufgaben: Besprich dich mit jemandem, der in der Kommunikation mit Vorfahren erfahren ist, und lies einige der zahlreichen Veröffentlichungen zu diesem Thema. Erinnere dich bei allem, was du in diesem Zusammenhang unternimmst, unbedingt daran, dass es sich um eine Reise handelt. Sei geduldig, bleib offen, nimm dir Zeit und tue so wenig oder so viel, wie du magst. Denke daran, dich zu schützen, und treibe keinen Unfug mit Geistern, die dich nichts angehen.

Der erste Kontakt

Die erste Kontaktaufnahme mit deinen Vorfahren setzt Übung voraus, ist jedoch unter Verwendungen der nachfolgend beschriebenen einfachen Methoden möglich. Konzentriere dich sowohl auf dein Inneres wie Äußeres. Mit der Zeit wirst du verstehen, wie deine Vorfahren zu dir Kontakt aufnehmen wollen.

Auf eine Wellenlänge gelangen

Um mit deinen Ahnen in Kontakt zu treten, musst du lernen, auf ihre Wellenlänge zu kommen. Das kann durch Geräusche, Wahrnehmungen, Gefühlen oder Zeichen geschehen. Bleibe aufmerksam und mache dir von allem Notizen, insbesondere von Träumen, Visionen und allen Merkwürdigkeiten, die dir im Verlauf eines Tages auffallen.

Meditiere

Auf den vorhergehenden Seiten haben wir bereits Meditationstechniken besprochen, fangt also an zu meditieren, Hexen! Beachten musst du hier lediglich, dass du deinen Ahnen im Vorfeld mitteilst, dass es dir bei deiner Meditation um die Kommunikation mit ihnen geht. Vielleicht legst du dir einen Satz oder Zauberspruch zurecht, mit dem du dein Vorhaben ankündigst, oder du stellst Kristalle, Räucherwerk oder Kerzen in deiner Umgebung auf, die dir bei der Einstimmung helfen.

Höre aufmerksam hin

Ahnen und Geistführer sind immer zur Stelle. Es kommt auf deine Aufmerksamkeit an, um zu erkennen, wie sie sich bemerkbar machen. Geister sind alle sehr unterschiedlich und kommunizieren keineswegs alle gleich. Manche von ihnen sind direkt, andere wie verkopfte Dichter, bei denen du zwischen den Zeilen lesen musst und deren Botschaften du möglichst *fühlst*, statt sie nur zu hören oder zu sehen. Deine Vorfahren können in Momenten großer Not zu dir kommen oder in alltäglichen Situationen. Achte darauf, wie du dich fühlst: Manchmal spürst du, wenn jemand anwesend ist, eine andere Präsenz. Achte auf Dinge, die deine Aufmerksamkeit auf sich ziehen, wie etwa Tiere, numerische Synchronizität, wenn sich der Wind unvermittelt dreht, oder ein plötzliches Aufbrausen magischer Energie in dir. Je mehr du auf diese Dinge achtest, umso schärfer werden deine Sinne werden und dir die Kommunikation mit deinen Ahnen und Geistführern erleichtern.

Ich habe die Weisheit meiner Vorfahren in unterschiedlichster Form und an allen nur denkbaren Orten erfahren. Eines Abends blieb ich einmal lange auf, um an diesem Buch zu schreiben, weil ich sonst keine Zeit dafür gefunden hatte. Außerdem eröffnete ich gerade meinen eigenen Laden, meine Online-Schule boomte, und ich hatte noch dazu Interviews zu geben und Veranstaltungen zu besuchen – ach ja, und außerdem bin ich auch noch Mutter von zwei Jungs (und zweier Katzen): Habe ich das schon gesagt? Um Mitternacht waren meine Augen müde, mein Gehirn verweigerte den Dienst, und mein Körper schrie buchstäblich nach dem Bett. Ich wollte weiterschreiben, doch körperlich und geistig war ich zu erschöpft. Plötzlich spürte ich dieses Ziehen mitten in mir. Ich lehnte mich zurück und schaute aus dem Fenster neben mir. Zu meiner Überraschung sah ich direkt hinter der Scheibe glitzernde Lichter. Ich wusste sofort: Das waren Glühwürmchen. Dort, wo ich wohne, gibt es sehr wenig Grünflächen, und innerhalb von fünf Jahren habe ich kein einziges Mal Glühwürmchen vor dem Fenster tanzen gesehen, obwohl ich dort viele, viele Male gesessen habe.

Das Ziehen in meinem Innersten verwandelte sich in ein Gefühl der Liebe, das mich durchströmte wie eine sanfte Umarmung. Ich erinnerte mich daran, wie ich als kleines Mädchen gerne Zeit in der Natur verbracht hatte und dass Glühwürmchen wie Edelsteine, Kostbarkeiten der Erde für meine Seele waren. Ich weiß, dass ihr Auftauchen zu diesem Zeitpunkt eine Botschaft für mich war und der Versuch, mich gerade dann an Weisheit teilhaben zu lassen, als ich es am allernötigsten hatte.

Später forschte ich nach, um die Bedeutung der Botschaft zu ermitteln:

Die Botschaft dieses spirituellen Totemtiers verlangt von uns, bewusst zu sein, auf Vielschichtigkeiten zu achten und beharrlich zu bleiben, wenn wir Erfolg in unserem Leben suchen. Allerdings […] nutzen Glühwürmchen nicht etwa Hitze, um *zu leuchten, was bedeutet, dass wir uns nicht selbst verbrennen sollen, um unsere Ziele zu erreichen.**

Ich las diese klugen Worte, schaltete meinen Computer aus, ging ins Bett und dankte unserer Mutter Erde dafür, dass sie für mich da war – ich weiß, dass es Mutter Erde war, der ich mein Leben gewidmet habe, die mir die Botschaft geschickt hatte. Sie tut das andauernd für mich, durch die Berge, Bäume, Pflanzen, Tiere und den Himmel. Lehne sie nicht als deine Ahnin oder Führerin ab, weil sie vermutlich einer der mächtigsten Geister ist, der mit dir in Verbindung stehen will. Meiner Meinung nach sollte jede Hexe mit unserer Mutter ebenso verbunden sein wie mit sich selbst. Unsere Mutter Erde ist das Haus, in dem du lebst, der Schoß, in dem du wächst.

Übe also, Botschaften zu erkennen, und beachte nicht nur die Weisheit, die dich auf direktem Wege erreicht, sondern auch die kleinen Zeichen und Hinweise. Mit der Zeit und mit ausreichender Geduld wirst du eine schöne und starke Beziehung zu deinen Vorfahren, Geistführern und zu dir selbst aufbauen.

---

* www.sunsigns.org/firefly-animal-totem-symbolism-meanings/

Reinigen und Schützen

Ich bin schon vielen Menschen begegnet, die unerwünschte Energien mit sich herumschleppen, die gar nicht zu ihnen gehören. Die negativen Energien und bösen Absichten anderer kann man leider viel zu leicht aufnehmen – in öffentlichen Verkehrsmitteln, Geschäften, beim Warten im Stau, in Restaurants und sogar über die sozialen Medien. Bist du regelmäßig in Kneipen, Klubs oder bei Großveranstaltungen? Dann bist du garantiert großem Energiegepäck ausgeliefert.

Vielen ist nicht klar, dass diese Energien ihre Stimmung, Gedanken und Handlungen beeinflussen und letztlich ihr Leben stören können. Durch mein Geschäft komme ich mit vielen Menschen in Kontakt, und die Mehrheit schleppt eine unnötige energetische Last aus Traurigkeit, Depression, Sorgen, Wut und Angst mit sich herum. Es kann vorkommen, dass die unerwünschten Energien dieser Menschen auch nach dem Verlassen meines Geschäfts an den Gegenständen, an den Waren und Pflanzen, an meinen Angestellten und mir, ja sogar im gesamten Laden hängen bleiben. Deshalb führe ich mehrmals am Tag ein Reinigungsritual im Landen durch. Außerdem reinige ich die Kunden, bevor sie das Geschäft verlassen, was sie immer zu schätzen wissen. Mein Laden fühlt sich durch diese Maßnahmen wie ein Heiligtum an.

Sobald du einen Raum gereinigt hast (*siehe unten*), sorge außerdem dafür, ihn vor so vielen negativen Energien wie möglich zu schützen. Einige schaffen es immer, einen Weg zu finden, deshalb ist regelmäßiges Reinigen so wichtig.

Reinigen und Schützen kann sehr meditativ sein. Die Vorgänge stärken außerdem dein Bewusstsein und deine übersinnlichen Fähigkeiten und wirken noch dazu heilend. Wenn du das Gefühl hast, emotional aus dem Gleichgewicht zu sein, du dich nicht fokussieren kannst oder es dir an Inspiration mangelt, dann ist das ein guter Anlass, um bei dir selbst eine Reinigung vorzunehmen. Vielleicht möchtest du auch die Menschen in deinem Umfeld reinigen. Der Vorgang wirkt auf deine Energie wie ein Reset-Schalter.

Ich reagiere außerordentlich sensibel auf unerwünschte Energien, und ich zögere nicht, sie sofort zu beseitigen. Ich empfehle dir ein tägliches Ritual, um solche Energien zu vertreiben – so klug sollte jede Hexe unter ihrem Hexenhut sein.

Wie man reinigt und schützt

Nun stelle ich dir meine Lieblingsmethoden zum Reinigen und Schützen vor. Sie sind sowohl einfach als auch wirkungsvoll.

Aufräumen und Tiefenreinigung

Hier kommt meine wichtigste Methode, um negative Energien aus jedem beliebigen Raum auch aus deinem Zuhause zu entfernen: Räume auf und ordne deine Sachen, stelle, wenn nötig, Möbel um, mach dann alles gründlich sauber. Mit ein bisschen Seife und viel heißem Wasser klappt es am besten. Energien können sich an Möbeln, Gegenständen und sogar an Böden und Decken anlagern. Am wichtigsten ist es, dass dein Zuhause sauber und aufgeräumt ist.

Sorge für reinigenden Rauch

Du kannst dich selbst und deine Umgebung von unerwünschten Energien mit dem Rauch von Weihrauch beziehungsweise mit Kräutern oder Harzen reinigen. Einige meiner Favoriten sind Palo Santo, Mexikanischer Blattpfeffer, Rosmarin, Sandelholz, Beifuss, Drachenblut, Bernstein, Zeder, Myrrhe, Kopalharz und Weihrauch. Solltest du lose Kräuter oder Weihrauch verbrennen wollen, dann am besten mit extra dafür vorgesehenen kleinen Räucherkohlebriketts in einer feuerfesten Schale. Zünde das Brikett an und lege die Kräuter oder das Räucherwerk darauf, sodass leichter Qualm entsteht. Du kannst die Schale einfach dort abstellen, wo du gerade arbeitest, oder damit durch den Raum gehen, damit sich der Rauch verteilen und seine Aufgabe erfüllen kann. Achte darauf, dass immer mindestens ein Fenster oder eine Tür geöffnet ist, damit die unerwünschten Energien den Raum verlassen und positive Energien hineingelangen können.

Verwende spirituelles Raumspray

Spirituelle Raumsprays sind eine gute Alternative, falls du keinen Rauch in deinen Räumen haben möchtest (*siehe oben*). Ich stelle mein Raumspray selbst her, indem ich die Kräuter oder Harze mit den gewünschten Eigenschaften mit ätherischen Ölen kombiniere. Außerdem duften sie gut – die Kunden in meinem Laden lieben sie. Du kannst Raumsprays auch nur aus ätherischen Ölen herstellen, die gut gegen negative Energien wirken, wie etwa Sandelholz, Lavendel, Weihrauch oder Patschuli. Vermische sie mit Wasser und einem Teelöffel Alkohol – ich selbst verwende Wodka. Du kannst dich auch selbst damit besprühen.

Stelle kleine Schalen mit Salz auf

Hierbei handelt es sich um eine sehr leichte und wirkungsvolle Methode, auf die ich schon oft zurückgegriffen habe. Stelle offene kleine Schalen mit Salz in den Ecken deines Zuhauses auf, auch oben auf Schränken. Lass sie dort für ungefähr vierundzwanzig Stunden stehen, dann sammle sie wieder ein und wirf das Salz weg.

Salz saugt auf natürliche Weise negative Energien auf, ein Wannenbad in Salzwasser hilft also auch, dich zu reinigen. Löse zwei Tassen Meersalz oder Himalajasalz in deinem Badewasser auf. Verwende kein Speisesalz, da es die Haut reizen kann.

Glocken läuten

Die Geräusche von Glocken oder Windspielen gehören in das Zuhause jeder Hexe. Das Vibrieren der Glöckchen schüttelt negative Energien aus deinem Umfeld, richtet es neu aus, lässt positive Energien fließen und belebt es. Du kannst Glöckchen oder Windspiele auch im Freien aufhängen oder an Türgriffen. Gewöhne dir an, täglich mit einer Handglocke zu läuten, insbesondere in Räumen, in denen du stagnierende Energien bemerkst und in denen negative Ereignisse wie Streit oder Auseinandersetzungen stattgefunden haben.

Höre Musik

Sanfte Stimmungsmusik, mit der du etwas verbindest und die dich berührt, eignet sich hervorragend, um deine Energie auf einer erhöhten Frequenz zu halten und um Negativität, die sich in dir angelagert hat, loszuwerden. Um verbrauchte, alte oder negative Energie aufzulösen, empfehle ich bewegende, energetische Musik.

Öffne Fenster

Hexen, zieht eure Vorhänge auf und öffnet eure Fenster! Wir sind schließlich keine Vampire! Lasst das Licht herein und gestattet es Mutter Erde, euch ihre Heilung zu bringen. Lasst den Luftstrom in euer Haus und eure Energie in Bewegung bringen.

Nutze Pflanzen

Pflanzen verfügen über magische Eigenschaften. Sie haben nicht nur die Macht, die Luft zu säubern, sie erfüllen außerdem dein Zuhause mit der Heilkraft und Liebe unserer Mutter, vibrieren sich mit ihrem bezaubernden Wesen in dein Herz und halten negative Energien von dir fern. Sie sind natürliche Beschützer. Zu meinen liebsten Pflanzen, gehören Orchideen, Jasmin, Kakteen, Graslilien, Rosmarin, Basilikum und Weinraute.

Lass dich durch Knoblauch schützen

Man weiß seit Langem, dass Knoblauch eine schützende Wirkung hat. Hänge einen Knoblauchzopf an deine Eingangstür, um negative Energien und unerwünschte Geister fernzuhalten. Lege eine Knoblauchzehe in deine Handtasche oder in dein Portemonnaie (am besten in Alufolie oder einem Stück Stoff eingewickelt). Knoblauch hält außerdem Diebe fern. Ich lege eine Knoblauchzehe unter die Kopfkissen meiner Kinder, um sie in der Nacht vor Albträumen und unerwünschten Geistern zu schützen. Da Weinraute ähnlich wirkt, trage auch ein paar Rautenblätter bei dir oder pflanze sie neben deiner Eingangstür.

Stelle Kristalle auf

Schützende Kristalle zu Hause auszulegen, bei sich zu haben oder als Schmuck zu tragen ist eine wunderbare Methode, um sich vor negativen Energien zu schützen oder um sie zu bannen. Du kannst sie überall platzieren: auf Fensterbrettern, Beistelltischen, in Regalen oder in der Nähe von Durchgängen. Ich lege Kristalle sogar in meine Blumentöpfe und unter mein Bett. Zu meinen liebsten Schutzkristallen gehören schwarzer Turmalin, Rauchquarz, Obsidian, Türkis und Labradorit.

Erzeuge einen Energieschild

Wir alle sind dazu in der Lage, persönliche Energieschilde zu schaffen. Es gibt viele unterschiedliche Verfahrensweisen und vielerlei verschiedene Schilde. Mein Lieblingslichtschild ist sowohl leicht herzustellen als auch schützend und heilend.

Schutzzauber zur Erzeugung eines Lichtschilds

Ich erschaffe diesen Schild für mich jeden Morgen, bevor ich aufstehe. Er verhindert, dass meine Energie durch böse Absichten gestört wird, schafft Heilung und steigert meine Lebensenergie.

Wie es geht:

- Suche dir einen ruhigen Ort, an dem du dich hinsetzen kannst, und erde dich. Stelle deine Füße fest auf den Boden und hole dreimal tief Luft.
- Visualisiere eine pulsierende Lichtkugel unmittelbar hinter deinem Nabel. Stell dir vor, wie sich dieses Licht in deinem gesamten Körper ausbreitet und jeden Teil von dir ausfüllt. Du bist nun ein pulsierendes weißes Licht.
- Dieses Licht breitet sich mit jedem Atemzug weiter um dich herum aus, fühle, wie es rings um dich herum pulsiert. Bitte es, dich vor allen negativen Energien zu schützen, vor üblen Absichten, Bösem und allem, was dir schaden könnte.
- Sobald du dazu bereit bist, beginne deinen Tag und genieße die Vorzüge deiner eigenen inneren Macht.

TEIL VIER:

DER MAGISCHE HEXENKRÄUTER-GARTEN

Einführung in die Hexengärtnerei

Der Garten einer Hexe ist ihr ganzer Stolz, insbesondere die magischen und heilenden Kräuter und Blumen, die sie hier anbaut. Als Kind interessierte ich mich brennend für die Kräuter, die meine Mutter für ihren Hexenzauber und ihre Heilmittel verwendete. Sie erklärte mir, dass jede Pflanze ihre ureigenen Funktionen sowohl in magischer wie in medizinischer Hinsicht habe und dass die gesamte Pflanzenwelt mit Erdenergie angereichert sei.

Ich beschäftige mich mit magischer Kräuterkunde seit meinem fünften Lebensjahr, weil ich damals unter schrecklichen Albträumen litt. Nachts wurde ich von Geistern heimgesucht, die mich entweder einkreisten oder bei mir saßen. Sie taten mir nichts, ich erlebte ihre Gegenwart allerdings ungeheuer intensiv und fürchtete mich entsprechend. Wenn ich nachts im Schlaf vor Angst schrie, reinigte meine Mutter mein Zimmer, beruhigte mich und brachte mir ein Glas Wasser mit ein oder zwei Lorbeerblättern, um es unter mein Bett zu stellen. Die Geister verschwanden und ich schlief sofort ein. Irgendwann entschied meine Mutter, es sei an der Zeit, dass ich mich selbst um das Glas Wasser mit Lorbeerblättern kümmerte. Da begann ich, selbstständig Kräutermagie einzusetzen.

Außer deiner eigenen inneren Magie sind die wichtigsten Zutaten jeder Hexenkunst Kräuter, Blüten, Wurzeln und ätherische Öle. Es ist leicht, an Informationen über sie heranzukommen, sich mit ihrem Aussehen und ihren magischen Eigenschaften vertraut zu machen. Ebenso wichtig ist es auch, dass du deinen eigenen Bezug zu ihnen entwickelst. Beschäftige dich mit jedem Kraut und nimm dir die Zeit, um dich mit seiner jeweiligen Energie zu verbinden und dich mit seinem Duft und Geschmack vertraut zu machen. Schreibe in deinem Buch der Schatten zu jedem Kraut und deinen Erfahrungen mit ihm mindestens eine Seite

Die Zauber, Sprüche, Tränke und Tinkturen, die ich mit dir in diesem Kapitel teile, stammen alle aus meinem eigenen Buch der Schatten. Ich habe sie entweder selbst entwickelt, sie von Älteren und Ahnen weitergereicht bekommen oder von Geistern gelernt. Ich habe meine einfachsten und wirkungsvollsten Favoriten ausgewählt und decke damit eine große Bandbreite ab: angefangen beim Liebeszauber und der Heilung eines gebrochenen Herzens bis hin zu Reinigungen und Manifestationen. Ich hoffe, dass du mit vielen von ihnen etwas anfangen und sie in dein eigenes Buch der Schatten übernehmen kannst.

In meinen Zauberrezepten kommen die Begriffe »Prise« und »Spritzer« vor. Sie sind meine Art, Angaben für die kleineren Mengen bestimmter Zutaten zu machen, die ich in meiner Zauberkunst verwende. Ein Spritzer entspricht in etwa einem halben Teelöffel und eine Prise einem viertel Teelöffel. Bei manchen Zutaten verwende ich außerdem auch den Begriff »Teelöffel«. Bei den nachfolgenden Rezepten kommt es nicht so sehr auf ganz exakte Mengen an. Lass dich von deiner Intuition leiten.

Liebe anziehen

Die nachfolgenden magischen Rezepte sollen Liebe in dein Leben bringen. Doch Liebe ist nichts, was man manipulieren oder fälschen kann. Diese Zauber sind nicht dazu da, dass sich jemand in dich verliebt oder dass du jemanden in die Falle locken kannst. Sie beschleunigen Dinge im Einklang mit dem Universum oder bringen dich in Übereinstimmung mit der Liebe.

Es gibt unendlich viele Formen von Liebe, doch die, die wir am meisten »brauchen«, ist die eines Partner oder einer Person außerhalb von uns selbst. Auch wenn dies eine wichtige und wunderschöne Form der Liebe ist, sollte für uns die Selbstliebe die wichtigste sein. Im Grunde können sich alle Zauber auf beide Formen beziehen. Konzentriere dich erst einmal darauf, dich selbst zu lieben und dich mit dir auf einer tieferen Ebene zu verbinden.

Bei allen Liebesdingen rate ich dazu, um eine Liebe zu bitten, die echt und aufrichtig und im besten Interesse aller Beteiligten ist. So ziehst du echte Freunde und Partner an, die dich als den Mensch zu schätzen wissen, der du wirklich bist.

Rosmarin-Liebesöl

Rosmarin ist von Eigenschaften der Liebe durchdrungen, weshalb auch das nachfolgende einfache Liebesöl große Macht hat, um Liebe in dein Leben zu bringen.

Was du brauchst:

Ein Schraubglas oder eine Flasche mit einem sicher schließenden Verschluss.
Hagebuttenöl oder natives Olivenöl extra
3 Rosmarinzweige

Wie es geht:

- Fülle das Glas beziehungsweise die Flasche mit dem Öl. Nimm die Rosmarinzweige und verbinde mit jedem eine eigene Intention im Hinblick auf die Liebe. Dazu sprichst du deinen Wunsch entweder laut aus oder formulierst ihn stumm für dich. Einen Zweig könntest du zum Beispiel der Selbstliebe widmen, ein zweiter könnte mit der Anziehung des richtigen Partners verbunden sein. Sobald du deine Intention formuliert hast, gibst du den Zweig in das Öl.
- Verschließe das Gefäß und bewahre es an einem kühlen Platz ohne direkte Sonneneinstrahlung auf.
- Das Öl entfaltet seine magische Wirkung auch dann, wenn du es einfach dort stehen lässt. Du kannst das magisch aufgeladene Öl aber auch zum Weihen von Kerzen, Kristallen und Werkzeugen für Liebeszwecke verwenden. Beim Weihen sprichst du laut oder leise für dich aus, welcher deiner drei Intentionen der geweihte Gegenstand dienen soll.

Zimtpäckchen zur Liebesanziehung

Zimt ist ein mächtiges magisches Mittel, um Liebe anzuziehen. Für diesen Zauber fertigen wir ein Päckchen an, das du bei dir tragen kannst.

Was du brauchst:

Einen sehr kleinen roten Beutel
1 Zimtstange, in der Mitte durchgebrochen
½ Teelöffel getrocknete Rosenblütenblätter
½ Teelöffel gemahlenen Sternanis
½ Teelöffel getrocknetes Basilikum
Einen kleinen Quarzkristall

Wie es geht:

- Gib alle Zutaten in den kleinen Beutel. Trage den Beutel um deinen Hals oder in einer Tasche dicht an deinem Herzen. Du kannst ihn jederzeit ablegen, aber achte darauf, dass er immer in deiner Nähe ist.

Lorbeerzauber zur Liebesanziehung

Jeder Mensch weiß, dass man Liebe nicht erzwingen kann – und wir sollten die Finger von Magie lassen, die jemanden manipulieren soll. Der Sinn des Lorbeerzaubers ist es, eine Liebe anzufachen, die bereits vorhanden ist. Er ist außerdem in der Lage, die Liebe und Leidenschaft in einer bestehenden Beziehung aufzufrischen.

Was du brauchst:

- Eine rote Kerze
- Ein Liebeszauberöl wie etwa Rosmarin-Liebesöl
- 4 Lorbeerblätter
- Eine kleine feuerfeste Schale

Wie es geht:

- Weihe die Kerze mit dem Liebeszauberöl, indem du sie damit in einer Bewegung von oben nach unten einreibst. Zünde dann die Kerze an.
- Setze dich vor die Kerze hin und schaue ruhig in die Flamme. Denke an nichts außer an deinen Liebsten. Denke an Momente, in denen ihr beide am glücklichsten und leidenschaftlichsten wart, und daran, solche Energie in deinem Raum auszulösen.
- Nimm nun ein Lorbeerblatt in die Hand und lade es mit diesen starken Gefühlen auf, halte es in die Flamme und lass es, sobald es brennt, in die Schale fallen. Wiederhole den Vorgang noch dreimal. Schaue dabei immer zuerst in die Kerzenflamme.

Ein gebrochenes Herz heilen

Die Zeit heilt auch ein gebrochenes Herz, doch manchmal brauchen wir ein wenig mehr als nur Zeit, um wieder zu uns selbst zurückzufinden. Diese Zauber sollen bei Herzensangelegenheiten die in dir vorhandene Heilkraft in Gang setzen.

Sei dir darüber im Klaren, dass du zwar Schmerz und Trauer empfindest und dich verletzt fühlst, aber nicht tatsächlich schwach und zerbrochen *bist*. Das Leben bringt Liebeskummer mit sich, aber ich versichere dir, dieser Schmerz wird besser. Nimm dir Zeit zur Selbstfürsorge und gestehe dir eine Extraportion Mitgefühl zu. Halte dich von den sozialen Medien fern und erlaube es dir, deine Emotionen auch wirklich zu durchleben, statt sie irgendwo im Keller deiner Seele zu vergraben.

Zitronenmelisse-Liebeskummerbalsam

Mein Zitronenmelissetee gegen Liebeskummer wirkt wie Balsam auf einem gebrochenen Herzen und gibt den Lebensgeistern Auftrieb. Du kannst den Tee auch trinken, wenn du dich aus anderen Gründen verletzlich fühlst oder deine Gefühle beruhigen willst.

Was du brauchst:

1 Esslöffel getrocknete Zitronenmelisse
1 Teelöffel getrocknete Kamille
1 Teelöffel getrockneten Lavendel
1 Tasse (250 ml) Wasser

Wie es geht:

- Verrühre die Kräuter und das Wasser in einem kleinen Topf.
- Bring die Mischung zu Kochen und lass sie 5 Minuten auf kleiner Flamme köcheln.
- Wenn der Tee ein wenig abgekühlt ist, gieße ihn vor dem Trinken durch ein Sieb.

Rosentinktur für gebrochene Herzen

Diese Tinktur wirkt wunderbar, um die Nerven zu beruhigen und den Schmerz eines gebrochenen Herzens zu lindern. Besonders wirkungsvoll ist sie vor dem Schlafengehen, wenn das Herz nur schwer zur Ruhe kommt und sich in Sorgen und Ängsten verliert. Sie schenkt dir eine erholsame Nacht.

Was du brauchst:

Ein zu ¾ mit Traubenkernöl oder nativem Olivenöl extra gefülltes Schraubglas
1 Prise getrocknetes Basilikum
2 Teelöffel getrocknete Rosenblütenblätter
Ätherisches Lavendelöl
Einen Rosenquarz

Wie es geht:

- Gib Basilikum, Rosenblütenblätter und ätherisches Öl in das Schraubglas mit dem Öl. Lege den Rosenquarz in die Mischung und verschließe das Glas, oder du schließt das Glas und legst den Rosenquarz auf den Deckel.
- Nimm drei tiefe Atemzüge, öffne das Glas und reibe etwas von dem Öl auf deine Handgelenke und über dein Herz.

Zaubernussmagie für gebrochene Herzen

Ich habe mir diesen Zauber ausgedacht, als ich ihn am meisten brauchte, und er hat jedes Mal, wenn ich ihn eingesetzt habe, wahre Wunder gewirkt.

Was du brauchst:

Ein Blatt Papier und einen Stift
1 Teelöffel getrocknete Zaubernussblätter (Hamamelisblätter)
Einen Quarzkristall

Was du brauchst:

- Zeichne ein Herz etwa von der Größe deiner Handfläche auf das Blatt Papier und schreibe das Wort »Heilung« in das Herz. Streue die getrockneten Zaubernussblätter in das Herz und lege den Quarzkristall darauf.
- Halte nun deine rechte Hand über das gezeichnete Herz, ohne es zu berühren, aber doch so nah, dass die Energie überspringen kann. Schließe die Augen und entspanne dich, dann beschließe den Zauber mit den Worten: »Mein Herz heilt, die Wunde verschließt sich, mein Herz ist nicht zerbrochen – das sage ich mit Liebe.« Du kannst auch deine eigenen Worte wählen.
- Halte die Hand weiterhin über das gezeichnete Herz und wiederhole den Spruch noch zweimal. Du kannst die Zeichnung aufbewahren, wo du willst. Ich verwahre sie gerne auf meinem Altar.

Schutz

Es ist wichtig zu wissen, wie man sich und sein Umfeld schützen kann. Viele Menschen gehen durchs Leben, ohne ihre Energie zu reinigen oder zu schützen, und sie fühlen sich deshalb krank, belastet, deprimiert, müde und im schlimmsten Fall verloren. Das Leben kann sich verdüstern und schwer zu bewältigen sein, wenn man ständig fremde Energie mitschleppt, oder sich nicht von negativen Einflüssen auf Körper, Geist und Seele befreien kann. Gewöhne es dir an, jeden Tag an deinem Selbstschutz arbeiten, und ich versichere dir, dass die Dinge auf die beste Weise in Bewegung geraten werden!

Die folgenden Zauber sorgen für ausreichenden Schutz, den du gegen Negativität, Eindringlinge, Feindseligkeit, Ausrichtungsfehler und vieles mehr bei dir selbst oder bei deinen geliebten Menschen anwenden kannst.

Lorbeerzauber zum Vertreiben nächtlicher Geister

Diesen Zauber nutzte meine Mutter, als ich in meiner Kindheit unter Albträumen litt.

Was du brauchst:

1 Lorbeerblatt

1 Glas kaltes Wasser

½ Teelöffel Salz

Wie es geht:

- Nimm das Lorbeerblatt und flüstere ihm zu: »Mögen die Geister in Frieden ruhen, damit auch ich mich ausruhen kann.«
- Lege das Blatt in das Glas, gib das Salz hinzu und stelle das Glas unter dein Bett. Das Wasser soll alle negative Energie vertreiben, während Salz und Lorbeerblatt dich davor schützen, dass sie zurückkehren.
- Am Morgen gießt du das Wasser weg. Wiederhole den Zauber, falls nötig, am nächsten Abend. Ich mache dies für meine Kinder, und sie schlafen ohne Albträume durch.

Schützendes Weinrautenpäckchen

Raute hat stark schützende Eigenschaften und ich verwende sie bei den meisten meiner Schutzzauber. Dieses Schutzpäckchen lässt sich leicht herstellen und ist wirkungsvoll. Bewahre das Päckchen immer in deiner Nähe auf, um Negativität und Feindseligkeit abzuwehren. Es kann dich auch in deinen Träumen beschützen, wenn du es zum Schlafen einfach unter dein Kopfkissen legst.

Was du brauchst:

Ein kleines Beutelchen
1 Esslöffel getrocknete Weinraute
1 Esslöffel Salz
1 Esslöffel getrocknete Zaubernussblätter
3 Tropfen ätherisches Zedern- oder Myrrheöl

Wie es geht:

- Fülle alle Zutaten, auch das Öl, in das Beutelchen.
- Die Wirkung deines Schutzpäckchens kannst du auffrischen, indem du noch einmal Tropfen der bereits enthaltenen ätherischen Öle hinzufügst.

Nesseltinktur zum Aufheben von Verwünschungen

Aufhebungszauber kommen zur Anwendung, wenn Hexen den Spruch einer anderen Hexe brechen, auflösen oder durchkreuzen wollen.

Was du brauchst:

Eine kleine Schüssel
1 Esslöffel getrocknete Brennnesselblätter
1 Esslöffel Odermennige
1 Esslöffel Meersalz
1 Esslöffel Holzkohle, zerstoßen, fast pulverisiert
120 ml Färberdistelöl

Wie es geht:

- Vermische in der Schüssel Kräuter, Salz und Holzkohle. Gib das Distelöl hinzu, um eine Mischung mit der Konsistenz eines Gesichtspeelings zu erhalten.
- Verreibe das Gemisch auf deinem Bauch, während du dabei deine Intentionen sprichst. (Probiere es zunächst auf einer kleinen Stelle aus, um auf Verträglichkeit zu testen.)
- Lass es über Nacht dort, aber wasche es noch vor dem Sonnenaufgang ab. Wiederhole den Vorgang an den nächsten beiden folgenden Tagen.

Kreuzkümmel-Schutzzauber gegen Diebe

Seit Jahrhunderten ist Kreuzkümmel für seine heilenden Eigenschaften und seine schützenden Fähigkeiten bekannt – unter anderem auch gegen Eindringlinge mit bösen Absichten.

Was du brauchst:

Gemahlenen Kreuzkümmel, getrocknetes Basilikum und Salz in gleichen Mengen (verwende Esslöffel oder Tassen als Maß)

Wie es geht:

- Vermische alle drei Zutaten miteinander und verteile die Mischung entweder im Haus oder vor deiner Haustür. Ich selbst bewahre ein Beutelchen mit dieser Mischung in der Schublade auf, in der sich meine heiligsten Gegenstände befinden.

Erfolg

Wünschst du dir mehr Erfolg in deinem Leben? Wenn ja, dann ist die folgende Zauberkunst genau das Richtige für dich. Erfolg bedeutet natürlich für jeden etwas anderes, deshalb sind die Zauber so angelegt, dass du sie deinen persönlichen Bedürfnissen anpassen kannst. Erfolg kann bedeuten, dass du gesünder bist und dich mit dir wohler fühlst, dass dein Zuhause friedlicher ist, dass du deine Abschlussarbeit mit »sehr gut« machst, dass dir in einem Gerichtsverfahren Recht zugesprochen wird, oder eigentlich alles, was du dir als Verbesserung für dich und dein Leben wünschst.

Ich liebe alle Zauber dieses Kapitels, mein liebster ist aber der Ingwer-Badezauber für einen guten Projektabschluss. Ich setze ihn mindestens einmal im Monat ein, und er hat mir bei allen meinen Projekten zu großem Erfolg verholfen. Er gehört zu den Hilfsmitteln, die maßgeblich dazu beigetragen haben, dass ich meinen Fokus aufrechterhalten und das Manuskript für dieses Buch termingerecht abschließen konnte. Auch dir sollen die hier vorgeschlagenen Zauber größten Erfolg bescheren!

Ingwer-Badezauber für einen guten Projektabschluss

Welche Hexe könnte auf diesen Zauber schon verzichten? Häufig arbeite ich gleichzeitig an mehr Projekten, als ich tatsächlich bewältigen kann, weshalb ich diesen Zauber entwickelt habe. Er beruhigt deine Nerven, reduziert Stress und Ängste, schafft Klarheit bei der Erfassung der Aufgabenstellung und hellt deine Stimmung auf.

Was du brauchst:

Eine Rührschüssel
1 Tasse (300 g) Bittersalz
1 Tasse (300 g) rosafarbenes Himalajasalz
2 Esslöffel getrocknete und gehackte Ingwerwurzel
1 Esslöffel getrocknete Wacholderblätter
10 Tropfen ätherisches Kopalöl
10 Tropfen ätherisches Ylang-Ylang-Öl

Wie es geht:

- Vermische alle Zutaten in der Rührschüssel gründlich miteinander.
- Gib 1 Tasse (300 g) dieser Mischung in dein Badewasser und nimm ein Bad darin, bevor du mit der Umsetzung deines Projekts beginnst.

Muskatnuss-Räucherwerk für beruflichen Erfolg

Dieses Räucherwerk kannst du verwenden, während du dich zu Hause für die Arbeit fertig machst, wenn du einen Homeoffice-Tag hast oder eine wichtige Besprechung ansteht. Es lädt die Winde dazu ein, dich bis hoch zu der Position zu tragen, die du gerne erreichen möchtest, oder beruflich alles umzusetzen, was du dir vorstellst. Und warte nur ab, was dieses Räucherwerk erst mit deiner Energie anstellt!

Was du brauchst:

Eine Schüssel
Ein Glas mit Schraubverschluss
2 Esslöffel gemahlenen Beifuß
1 Esslöffel Myrrheharz
1 Esslöffel Drachenblutharz oder -pulver
1 Esslöffel getrocknetes Basilikum
1 Esslöffel getrocknete Schafgarbe
11 Tropfen ätherisches Benzoeöl

Wie es geht:

- Vermische alle Zutaten in der Schüssel gründlich miteinander, dann fülle die Mischung in das Schraubglas, damit du sie zur Hand hast, wenn du sie benötigst.
- Für die Anwendung gibst du eine kleine Menge der Mischung in eine feuerfeste Schale und zündest sie an.

Hagebutten-Eiswürfel für erfolgreiche Beziehungen

Ein Zauber mit Eiswürfeln? Ja, genau! Ich habe ihn mir überlegt, als es draußen ungefähr 38 Grad C heiß war und ich mir einen Eiswürfel an die Brust drückte, um mich abzukühlen, während ich einer Freundin zuhörte, die sich über die fehlende Leidenschaft in ihrer Ehe beklagte. Irgendwann glitt mir der Rest des schmelzenden Eiswürfels durch die Finger und fiel zu Boden. In dem Moment schossen mir Bilder von mir selbst bei der Vorbereitung eines Zaubers für die Wiederbelebung einer Beziehung durch den Kopf. Sobald ich zu Hause war, meditierte ich über die Erfahrung und brachte den nachfolgenden Zauber für die Auffrischung der Leidenschaft in der Partnerschaft hervor. Am besten lässt er sich bei heißem Wetter und bei zunehmendem Mond umsetzen.

Was du brauchst:

Eine Schüssel
1 Tasse (250 ml) Olivenöl
2 Esslöffel getrocknete Hagebutten
1 Esslöffel Bockshornklee
1 Esslöffel zerdrückte Zimtstange
1 Esslöffel Rosmarin
Schale einer Orange, gehackt
Einen Eiswürfelbehälter

Wie es geht:

- Vermenge alle Zutaten in der Schüssel, dann befülle den Eiswürfelbehälter damit und friere ihn ein.
- Setze dich nach Sonnenuntergang bei zunehmendem Mond

mit einem Glas Rotwein und dem Eiswürfelbehälter ins Freie, um die Nacht zu genießen, auch dann, wenn es bewölkt sein sollte. Falls du keinen Alkohol trinkst, kann es auch ein Glas Erdbeer-, Granatapfel- oder Kirschsaft sein.

- Nimm einen der Würfel und halte ihn in der Hand, während du von deinem Glas trinkst. Nun lecke einmal an dem Eiswürfel und flüstere ihm zu, was du in deine Beziehung einbringen willst. Lass ihn sanft zu Boden gleiten – er symbolisiert das schmelzende Eis zwischen dir und deinem Liebsten.
- Wünsche dir so viel, wie du willst, indem du für jeden Wunsch einen neuen Eiswürfel aus dem Behälter nimmst. Die nicht benötigten Eiswürfel kannst du entsorgen.

Reichtum und Fülle

In unserer Welt ist Geld eine Voraussetzung für unser Überleben. Wir müssen Rechnungen bezahlen und brauchen Geld für die Dinge, an denen wir Spaß haben. Zauberkunst kann uns dabei helfen, Reichtum und Fülle anzuziehen. Die Methoden sind gleichzeitig einfach und mächtig, und richtig angewandt, kannst du dich schon bald über Wohlstand in deinem Leben freuen.

Wie so oft bedeuten auch Reichtum und Fülle für jeden Menschen etwas anderes. Für mich bedeuten sie, ein Dach über dem Kopf und genug zu Essen zu haben und mich nicht abrackern zu müssen. Ich weiß zu schätzen, was ich habe. Es ist nichts Falsches daran, sich mehr Geld und mehr Wohlstand im eigenen Leben zu wünschen. Du hast es dir verdient! Äußere deine Wünsche ganz bewusst und beginne mit bescheidenen Dingen – eine Gehaltserhöhung, eine Beförderung oder das Geld, um Schulden zu begleichen. Diese Wünsche könnten ein guter Anfang sein, und vergiss nicht, für alles dankbar zu sein, was dein Leben bereichert.

Lorbeerzauber für Blankoscheckgeld

Ich kenne mehrere Varianten von Blankoscheckzaubern, doch ich nutze immer wieder den Lorbeerzauber, den ich von einem Geist auf meiner Veranda gelernt habe, den ich gerne mit dir teilen will.

Was du brauchst:

Dein Scheckbuch
Ein mit Wasser gefülltes Schraubglas
30 ml Lorbeeröl
¼ Teelöffel Zimt

Wie es geht:

- Nimm bei Vollmond einen Scheck aus deinem Scheckbuch und schreibe »jetzt« als Datum. Stelle den Scheck an dich selbst aus, indem du deinen vollen Namen einträgst. In das Feld, in dem der Betrag einzusetzen ist, schreibst du: »was mir zusteht«; genauso verfährst du mit der Fläche, auf der der Betrag in Worten festgehalten werden soll. Unterschreibe den Scheck.
- Lege den Scheck zusammen mit dem Lorbeeröl und dem Zimt in das Schraubglas mit dem Wasser. Dann spuckst du einmal in den Behälter, schraubst den Deckel auf dem Glas fest und wartest darauf, dass mehr Geld seinen Weg in dein Leben findet.

Nelkenpfeffer-Reis-Zauber zur Geldvermehrung

Der magisch aufgeladene Reis aus diesem Zauber ist nicht als Nahrungsmittel vorgesehen, hat es aber dennoch in sich – er bringt dir Geld, wenn du es benötigst.

Was du brauchst:
Eine Schüssel
Ein fest verschließbares Schraubglas
1 Tasse (200 g) Naturreis
2 Esslöffel gemahlenen Nelkenpfeffer
1 Esslöffel gemahlenen schwarzen Pfeffer
1 Esslöffel getrockneten Dill
1 Esslöffel gemahlenen Beifuß
30 ml ätherisches Eisenkrautöl
Eine Rechnung über eine kleine Summe
Splitter eines Bergkristalls
1 Esslöffel Zimt

Wie es geht:

- Vermische alle essbaren Zutaten mit dem Eisenkrautöl in der Schüssel.
- Zerschneide die Rechnung in kleine Schnipsel und hebe sie zusammen mit den Kristallsplittern unter.
- Gib die Mixtur in das Glas und schraube den Deckel fest zu. Bestreue den Deckel oder seine Umgebung oder beides mit Zimt.
- Stelle das Glas mit der Mischung dort auf, wo du Geld benötigst, beispielsweise zu Hause oder an deinem Arbeitsplatz.

Vergrabener-Apfel-Luzerne-Zauber

Dieser Zauber sendet eine Botschaft an die Elemente, dass du dir Geld, Reichtum oder eine andere Form von Fülle wünschst wie etwa eine neue Option. Du musst den Zauber nachts bei Vollmond an einem Ort durchführen, an dem du leicht Zugang zur Natur hast.

Was du brauchst:

1 grünen Apfel
1 Teelöffel getrocknete Luzerneblätter
1 Teelöffel getrocknete Kamille
1 Teelöffel getrockneten Ingwer
2 oder 3 Lorbeerblätter
1 Esslöffel Honig

Wie es geht:

- Mit einem scharfen Messer bohrst du ein tunnelartiges Loch in die Seite des Apfels, bis du das Kernhaus erreichst.
- Stopfe Luzerne, Kamille, Ingwer und Honig in das Loch und verschließe es so mit den Lorbeerblättern, dass es aussieht, als wüchsen Lorbeerblätter aus der Seite des Apfels.
- Bei Vollmond vergräbst du den Apfel um Mitternacht in der Natur.

Glück

Glück ist nichts, was einfach durch die Tür spaziert. Du musst seine Energie zu dir ziehen und dir aneignen. Die Glücksgöttin bevorzugt diejenigen, die sich an ihren Geist wenden, und genau das tun die hier vorgestellten Zauber.

Glückszauber waren schon immer besonders beliebt. Die Leute wollen bei allem gewinnen, sie wollen die richtigen Entscheidungen treffen und die richtigen Antworten geben, und sie wollen am liebsten die Auserwählten des Glücks sein. Und jetzt kommt es: Glück ist real, aber es geht Hand in Hand mit Arbeit. Für das Glück muss man immer etwas tun. Nichts passiert einfach nur durch eine glückliche Fügung, doch ein Glückszauber kann zweifellos einen Beitrag zu dem leisten, woran du gerade arbeitest. Glückszauber sind wie die Glasur auf dem Kuchen – sie sind das gewisse Etwas, das alles erst zu einem Ganzen zusammenfügt. Also, gönne dir diesen wunderbaren Zauber, und ich hoffe, dass er für dich das bewirkt, was du dir wünschst.

Jalapa-Glücksöl

Sowohl Thymian als auch Jalapa haben Glück bringende Eigenschaften. Trage das Glücksöl immer dann bei dir, wenn du eine Portion Extraglück brauchst, wie etwa bei einem Vorstellungsgespräch oder bei einer ersten Verabredung.

Was du brauchst:

Ein kleines Behältnis, eine Phiole, einen Flakon oder ein sehr kleines Fläschchen, das du bei dir tragen kannst
Natives Olivenöl extra (genug, um das Behältnis zu ¾ zu füllen)
1 Teelöffel Thymian
1 Teelöffel gemahlene Jalapawurzel

Wie es geht:

- Fülle dein Behältnis mit dem Öl und gib Thymian und Jalapa hinzu.
- Bewahre das Behältnis möglichst dann nah an deinem Körper auf, wenn es wichtig ist, dass sich die Dinge zu deinen Gunsten entwickeln.
- Wenn das Öl nur Jalapa enthält, ist es auch zum Weihen von Kerzen geeignet. Dazu stelle ich größere Mengen her und reibe eine ganze Jalapawurzel. Danach lasse ich das Öl wenigstens einen Mondzyklus lang ziehen, bevor ich es zum Weihen benutze.

Patschuli-Glücksparfüm

Trage dieses Parfüm als wirkungsvollen Glücksbringer.

Was du brauchst:

Einen Flakon
Jojobaöl, genug, um den Flakon zu ¾ zu füllen
7 Tropfen ätherisches Patschuliöl
4 Tropfen ätherisches Zedernholzöl
2 Tropfen ätherisches Lavendelöl
2 Tropfen ätherisches Ylang-Ylang-Öl
1 Tropfen ätherisches Myrrheöl
Einen Zitrin

Wie es geht:

- Fülle das Jojobaöl in den Flakon und füge die ätherischen Öle hinzu.
- Verschließe den Flakon, schüttle ihn gründlich, lass ihn drei Tage an einem kühlen, dunklen Ort in unmittelbarer Nähe des Zitrin stehen, um die Wirkung noch ein wenig zu verstärken.
- Sobald das Parfüm fertig ist, verteile ein paar Tropfen in deinem Nacken, hinter deinen Ohren und an der Innenseite deiner Handgelenke. (Um Hautirritationen zu vermeiden, teste das Parfüm zuerst an einer kleinen Stelle.)

Fenchel-Glücksbringerbeutel

Viele Menschen haben gerne einen Glücksbringer bei sich. Der hier beschriebene Fenchel-Glücksbringerbeutel wird sie nicht enttäuschen. Um eine Pechsträhne zu beenden, trage den Beutel an sieben aufeinanderfolgenden Tage bei dir.

Was du brauchst:

Einen kleinen grünen oder gelben Beutel
1 Esslöffel Fenchelsamen
1 Teelöffel getrocknetes Basilikum
1 Teelöffel getrocknete Bergamotte
1 Teelöffel getrockneten, gehackten Ingwer
3 Knoblauchzehen
Einen Zitrin oder einige Zitrinsplitter
Eine Haarsträhne oder ein paar abgeschnittene Fingernägel

Wie es geht:

- Gib alle Zutaten in das Beutelchen. Der Glücksbringer kann sofort zum Einsatz kommen.

HEILUNG

Achtsamkeit und Fürsorge im Umgang mit dem eigenen Körper sind der Schlüssel zu deinem besten Selbst. Heilzauber sind gut geeignet, um das Wohlbefinden zu steigern und um das zu bekämpfen, was dir in körperlicher, geistiger oder spiritueller Hinsicht schadet.

Meiner Meinung nach sind Heilzauber immer eine Form der Selbstliebe; alles, was dich zu dir selbst und in deine Mitte zurückführt oder dich von dem befreit, was dir schadet, ist gelebte Selbstfürsorge. Die nachfolgenden Zauber kannst du für dich selbst nutzen oder bei Menschen einsetzen, die du liebst. Sie verstärken außerdem deine angeborenen Selbstheilungsfähigkeiten. Sie gehören zu meinen einfachsten Heilverfahren, werden dich aber nicht enttäuschen. Sie sind wirkungsvoll und funktionieren ausgezeichnet.

Katzenminze-Heilzauber

Bei diesem Zauber bringt das Kerzenweihen eine umfassende Heilung.

Was du brauchst:

Eine blaue Kerze
2 Teelöffel getrocknete Katzenminze
1 Teelöffel getrockneter Huflattich
1 Teelöffel getrockneter Beinwell
30 ml ätherisches Sandelholzöl

Wie es geht:

- Falls du den Zauber für eine andere Person vornimmst, ritze ihren Namen in die Kerze.
- Vermische die Öle und Kräuter.
- Verteile die Mischung von oben nach unten auf der Kerze. Diese Bewegung bringt dir, worum du bittest.
- Beim Weihen der Kerze benennst du deine Intention etwa mit folgenden Worten: »Gib mir Heilung, gib mir Kraft, mit meinem Atem rufe ich nach göttlicher Magie.« (Du kannst wie immer die Wortwahl deinen persönlichen Bedürfnissen anpassen, insbesondere dann, wenn der Zauber für eine andere Person gedacht ist.)
- Nun zünde die Kerze an und lasse sie vollständig herunterbrennen.

Knoblauch-Heilfußbad

Knoblauch ist schon seit Langem ein fester Bestandteil jeglicher magischer Arbeit. Er ist eine wirksame und magische Knolle, die in deinem Haushalt einen festen Platz haben sollte – in meiner Familie wird Knoblauch täglich für Zauber, zur Heilung und beim Kochen eingesetzt. Die in diesem Rezept verwendete Menge Knoblauch ist so gewählt, dass deine Füße nicht unangenehm riechen, aber dennoch ausreichend, um Krankheit zu vertreiben und Heilung anzuziehen.

Was du brauchst:

Einen kleinen Topf
2 Tassen (500 ml) Wasser
1 Esslöffel getrockneter Huflattich
1 Esslöffel getrocknetes Johanniskraut
1 Esslöffel getrocknetes Wermutkraut
1 Esslöffel Birkenrinde
4 Knoblauchzehen, zerdrückt
30 ml Oreganoöl
Einen Eimer oder Wanne, zur Hälfte mit kaltem Wasser gefüllt, in den/die du deine Füße stellst

Wie es geht:

- Bring die 500 ml Wasser in einem kleinen Topf zum Kochen, füge dann alle Zutaten hinzu und lass die Mischung für 5–7 Minuten köcheln.
- Nachdem das Gemisch ein wenig abgekühlt ist, gießt du es komplett in die Wanne mit dem Wasser.
- Nun trägst du die Wanne in einen ruhigen Raum und schaltest das Licht aus (oder dimmst es). Wenn du willst, zünde

eine Duftlampe an und spiele leise meditative Musik, um eine beruhigende und heilende Atmosphäre zu schaffen.

- Überprüfe die Temperatur der Flüssigkeit: Sie sollte lauwarm oder kühl sein. Setze deine Füße in den Eimer und schließe die Augen. Lass deine Füße 10–15 Minuten darin.
- Wiederhole den Vorgang drei Tage in Folge.

Tabak-Räucherwerk zum Vertreiben von Krankheit

Dieses Räucherwerk soll Krankheiten aus deinem Zuhause vertreiben, genauso wie große Traurigkeit – zum Beispiel nachdem jemand gestorben ist. Außerdem wirkt es allgemein reinigend und schützt vor negativen Geistern. Dieses Räucherwerk ist so mächtig, dass du seine Wirkung bereits spürst, bevor du es angezündet hast.

Was du brauchst:

1 Tabakblatt oder 1 Esslöffel losen Tabak
1 Esslöffel getrocknetes Basilikum
1 Esslöffel gemahlene Gewürznelken
1 Esslöffel Kopalharz
1 Teelöffel Myrrheharz
1 Teelöffel gemahlenen Zimt
¼ Teelöffel Beifuss
2 Orangenscheiben, getrocknet
1 Zitronenschreibe, getrocknet
Ein Schraubglas

Wie es geht:

- Zerdrücke und vermische alle Zutaten gründlich.
- Zünde die benötigte kleine Menge des Räucherwerks an, um seine Heilkräfte freizusetzen. Bewahre den Rest in einem fest verschlossenen Schraubglas für spätere Verwendung auf.

Reinigung

Reinigung ist in meiner Familie ein alltägliches Verfahren. Wir reinigen alles: angefangen von Objekten, die neu in unseren Haushalt kommen, bis hin zu Familienmitgliedern, die von schlechten Energien oder Flüchen befreit werden wollen. Reinigung klärt und entfernt unerwünschte Energien und bereitet den Raum für positive und friedliche Energien vor.

Es ist wichtig, von Zeit zu Zeit deine Werkzeuge, Altäre, geheiligten Räume und natürlich dich selbst zu reinigen. Da ich täglich magisch arbeite, auch als Heilerin, achte ich darauf, mich ebenfalls in regelmäßigen Abständen zu reinigen.

Auf den nachfolgenden Seiten stelle ich meine Alltagsverfahren der Reinigung vor. Sie sind einfach wunderbar und wirken großartig.

Basilikum-Reinigungsspray

Basilikum ist ein Kraut mit großer magischer Kraft und kennt viele unterschiedliche Verwendungen. Dieses einfache Spray kann zum Klären und für die spirituelle Reinigung von Objekten, Räumen, Altären und jeden anderen Bereich deines Zuhauses verwendet werden, bei dem du stagnierende Energien beseitigen willst. Der Duft allein wirkt bereits förderlich und magisch, und als Spray wird er fraglos bald zu einer deinen Lieblingsanwendungen von Basilikum werden.

Was du brauchst:

450 ml Wasser
1 Zitrone, halbiert
1 Handvoll Basilikumblätter
1 Esslöffel Thymian
1 leere Sprayflasche

Wie es geht:

- Bring in einem kleinen Topf das Wasser zum Kochen und füge dann die Zitronenhälften, Basilikum und Thymian hinzu. 10 Minuten köcheln lassen.
- Nach dem Abkühlen durch ein Sieb gießen, um die Kräuter und Zitronenhälften zu entfernen. In eine Sprühflasche füllen – fertig!

Thymian-Räucherwerk zur Lockerung und Reinigung

Dieses Räucherwerk duftet nicht nur himmlisch, es eignet sich auch hervorragend zur Reinigung und Klärung von Objekten und Räumen von negativen Energien. Verwende es nach deiner Zauberarbeit oder wenn du Einfluss auf die energetischen Verhältnisse in deinem Zuhause nehmen willst.

Was du brauchst:

2 Teelöffel Thymian
1 Teelöffel Rosmarin
1 Teelöffel grünen oder lila Salbei
1 Teelöffel gemahlenen Sternanis
1 Tropfen ätherisches Lavendelöl
Ein kleines Schraubglas

Wie es geht:

- Mahle Thymian, Rosmarin und Salbei so fein wie möglich.
- Vermische die gemahlenen Kräuter mit dem Sternanispulver und dem ätherischen Öl und gib die Mischung in das Schraubglas.
- Verbrenne das Räucherwerk in kleinen Prisen.

Reinigendes Lavendel-Badesalz

Du möchtest den Alltagsstress hinter dir lassen und ein traumhaftes Bad genießen? Dann ist dieses Lavendelbadesalz genau das Richtige für dich! Es entspannt nicht nur die Nerven, beruhigt den Geist und pflegt die Haut, es vertreibt außerdem alle Energien, die nicht zu dir gehören oder negativ oder schädlich sind.

Was du brauchst:

1 Tasse (300 g) Meersalz
2 Esslöffel getrockneter Lavendel
1 Esslöffel Rosmarin
1 Teelöffel getrocknete Minzeblätter
4 Tropfen ätherisches Lavendelöl
2 Tropfen ätherisches Weihrauchöl

Wie es geht:

- Vermische alle Zutaten und gib etwa 3 Esslöffel von der Mischung in dein Badewasser.

Neuanfänge

Zauber für Neuanfänge helfen dir, noch einmal neu zu starten, in deine Ausgangssituation zurückzukehren und dir unbekannte Wege zu eröffnen. Neuanfänge können beängstigend sein; wir lieben das Vertraute, und selbst wenn das Vertraute schmerzhaft ist, nehmen wir es manchmal lieber in Kauf, weil wir meinen, nichts Besseres zu verdienen. Du aber, meine Liebe, bist kostbar, und du verdienst es, ein wertvolles Leben zu führen. Es wird nicht immer vollkommen sein, aber es kann um einiges leichter sein, als es jetzt ist. Das Leben kann sein, was immer du willst, und sich anfühlen, wie du es dir wünschst (oder wenigstens diesem Wunsch erheblich näher kommen).

Mir gefallen Neuanfänge. Sie sind ein Resetschalter, ein frischer Start, ein erneuter Versuch, eine Gelegenheit, etwas noch einmal zu probieren, was beim ersten Mal nicht geklappt hat. Jeder Mensch hat ein Recht auf Neuanfänge. Hier also einige leichte, aber wirkungsvolle Zauber, die dich bei deiner zweiten Chance unterstützen sollen.

Energetisches Lotus-Neumondöl

Dieser Zauber vertreibt verbrauchte Energie aus einem Raum und ersetzt sie durch frische. Er eignet sich hervorragend, wenn du erst vor Kurzem eine Beziehung, einen Job oder eine Freundschaft beendet hast oder jemand verstorben ist, mit dem du zusammengelebt hast. Das Lotus-Neumondöl kannst du auch für das Weihen von Kerzen, Werkzeugen und Kristallen verwenden, die in anderen Zaubern mit dem gleichen Ziel eingesetzt werden.

Was du brauchst:

Eine Schüssel
1 Tasse (250 ml) Distelöl
2 Esslöffel getrocknete Blütenblätter des Blauen Lotus
1 Esslöffel getrocknete und gehackte Birkenrinde
1 Esslöffel getrocknete Holunderbeeren
1 Esslöffel getrockneter Weißer Andorn
Ein Schraubglas

Wie es geht:

- Bevor du mit der Zubereitung des Neumondöls beginnst, öffne ein Fenster, damit alte Energien verschwinden und neue hereinkommen können. Noch besser wäre es, in jedem Zimmer des Hauses, auch im Flur und im Treppenhaus, wenigstens ein Fenster zu öffnen.
- Vermische alle Zutaten in der Schüssel und fülle das Gemisch dann in das Schraubglas.
- Gieße ein wenig von dem Öl in deine Hand und verreibe es zwischen deinen Handflächen, um die Energie zu steigern.
- Stell dich aufrecht in die Mitte des Raumes, erde dich und konzentriere dich auf dein Vorhaben.

- Jetzt klatschst du die Hände mit viel Kraft und Dynamik dreimal ineinander und sagst dazu laut: »Hinaus mit der Alten und herein mit der Neuen.«
- Der Wechsel in der Luft findet sofort statt. Falls du sensibel für Empfindungen jenseits des Irdischen bist, wirst du spüren, wie dein Zuhause oder dein Raum von Frieden erfüllt wird.
- Wenn du fertig bist, verschließe das Glas gut und verwahre es bis zur nächsten Verwendung an einem dunklen, kühlen Ort.

Betonien-Fußöl für Neuanfänge

Dieses Fußöl soll die Füße dazu inspirieren voranzugehen, sich von den Ketten zu befreien, damit eine freie Richtungswahl wieder möglich ist. Es kann außerdem bei der Weihe von Kerzen, Kristallen und Werkzeugen für einen ähnlichen Gebrauch verwendet werden. Neumond ist die Voraussetzung, um das Öl zu benutzen.

Was du brauchst:

Eine Rührschüssel
1 Tasse (250 ml) Traubenkernöl
2 Esslöffel getrocknete Betonienblätter
1 Esslöffel getrocknete Schafgarbenblätter
1 Esslöffel getrocknetes Benediktenkraut
Eine ausreichende Menge Breitwegerichblätter, um die Füße damit einzuwickeln

Wie es geht:

- Vermische das Traubenkernöl und die Kräuter in der Schüssel.
- Während des Neumonds reibst du deine Füße mit dem Öl ein und wickelst sie in Breitwegerichblätter. Lass die Mischung 20 Minuten einwirken, damit das Öl seine Magie entfalten kann. Entferne dann die Blätter und wirf sie weg.

Winterkirsch-Kakao-Trank

Diesen Trank musst du dir als magische heiße Schokolade vorstellen. Sie gestattet es deiner Präsenz, sich auf unterschiedlichen energetischen Ebenen zu bewegen, und beschwört Winde herauf, die zu Neuanfängen und neuen Reisen führen.

Was du brauchst:

Eine Rührschüssel
2 Teelöffel getrocknete Winterkirsche
½ Tasse (70 g) reines Kakaopulver
1 Teelöffel Shatavari
½ Teelöffel Vanilleextrakt
1 ganzen Sternanis
½ Teelöffel gemahlenen Zimt
½ Teelöffel gemahlenen Kardamom
½ Teelöffel rosafarbenes Himalajasalz
Ein Schraubglas
1 Tasse (250 ml) Milch (vorzugsweise auf pflanzlicher Basis wie etwa Hafer- oder Mandelmilch)

Wie es geht:

- Vermische gründlich die trockenen Zutaten in der Schüssel. Fülle die Mischung in das Glas und schraube den Deckel zu.
- Koche die Milch in einem kleinen Topf auf. Gib einen Esslöffel der Mischung in die Milch, rühre um und lass sie 3 Minuten lang köcheln. Lass das Getränk ein wenig abkühlen und rühre bei Bedarf etwas Zucker, Ahornsirup oder Agavendicksaft zum Süßen hinein. Fertig!
- Bewahre die Mischung im Glas auf, bis du den Trank das nächste Mal genießen möchtest.

Steigerung übersinnlicher Fähigkeiten

Mit diesen Methoden kannst du deine übersinnlichen Fähigkeiten auf ein höheres Niveau heben. Sie verstärken deine innere Magie und erschließen dein Bewusstsein. Sie eignen sich hervorragend vor der Meditation oder vor dem Schlafengehen, wenn du für die Kontaktaufnahme mit deinem Inneren offener bist.

Ich bin der Meinung, dass wir alle eine übersinnliche Begabung in uns tragen. Bei manchen ist sie von Geburt an voll entwickelt, andere müssen sie erst erkennen und pflegen, und wieder andere haben bisher gar keinen Zugang zu ihr gefunden. Alle diese Erscheinungsformen sind vollkommen normal, und es kommen zahlreiche Faktoren hinzu, die eine Rolle dabei spielen, wie schnell wir unsere Begabung für uns nutzbar machen.

Der Schlüssel liegt im Üben! Wie jeden anderen Muskel in unserem Körper müssen wir auch den übersinnlichen »Muskel« trainieren, um ihn zu entwickeln. Die folgenden Methoden werden dich glauben lassen, dass du zur Besetzung von *Zauberhafte Schwestern* gehörst!

Schützendes Sternanis-Räucherwerk zur Verstärkung der Übersinnlichkeit

In meiner Kindheit war Sternanis ein Grundstein sowohl in der Küche als auch in der Magiearbeit, und ich verwende es auch heute noch häufig. Es verströmt nicht nur einen herrlichen Duft, sondern ist auch äußerst wirkungsvoll beim Verstärken übersinnlicher Fähigkeiten und beim Herstellen von übersinnlichem Schutz gegen negative Energien.

Verwende eine kleine Menge der hergestellten Mischung aus diesem Rezept, um sie als loses Räucherwerk zu verbrennen, oder vermenge gemahlenen Sternanis mit Myrrhe oder Kopalharz, um es während der Meditation oder während deiner magischen Arbeit zu verbrennen.

Was du brauchst:

1–3 ganze Sternanisfrüchte

1 Esslöffel Kopalharz

1 Esslöffel Myrrhenharz

Wie es geht:

- Zerdrücke und vermenge die Zutaten sorgfältig.
- Verbrenne sie wie jedes andere Räucherwerk.

Augentrosttee für das Dritte Auge

Ich liebe Tees, sowohl das Mischen als auch das Trinken. Der Augentrosttee eignet sich hervorragend als Vorbereitung auf das Wahrsagen, die Meditation oder die Zauberarbeit. Die Zutaten reichen für eine Tasse.

Was du brauchst:

1 Tasse (250 ml) Wasser
1 Esslöffel getrocknete Augentrostblätter
1 Esslöffel getrocknete Passionsblumenblätter
1 ganze Sternanisfrucht
1 Teelöffel getrocknete Rosenblütenblätter

Wie es geht:

- Gib die Zutaten in einen kleinen Topf, lass die Mischung einmal aufkochen und dann 5–7 Minuten köcheln. Oder gib sie in eine Teekanne, gieße sie mit kochendem Wasser auf und lasse den Tee für 8–10 Minuten ziehen.
- Lass den Tee vor dem Trinken ein wenig abkühlen.

Zitronengras-Reinigungsmittel zur Verstärkung der Intuition

Mit diesem Putzmittel kannst du deinen Altar, deine Werkzeuge und dein Zuhause reinigen; es verstärkt deine Intuition und schützt dich vor negativen Energien. Achtung: Diese Mischung ist nicht für den Verzehr gedacht!

Was du brauchst:

3 Tassen (750 ml) Wasser, am besten Regenwasser
1 Esslöffel getrocknetes Zitronengras
3 Lorbeerblätter
2 Teelöffel getrockneten Jasmin
2 Teelöffel getrocknete Katzenminze
2 Teelöffel getrockneten Beifuß
½ Zitrone

Wie es geht:

- Fülle alle Zutaten in einen kleinen Topf, bring den Inhalt für 5 Minuten zum Kochen.
- Lass die Mischung abkühlen und gieße sie dann durch ein Sieb, damit du nur noch die reine Flüssigkeit übrig behältst. Das Reinigungsmittel ist nun bereit für die Anwendung.

Manifestation

Bei heutiger Hexerei geht es immer um Manifestation: Hexen konzentrieren sich drauf, für sich das Leben zu gestalten, das sie führen wollen. Die im Anschluss beschriebenen Zauber sind dazu in der Lage, Berge zu versetzen.

Wie ich bereits erwähnte, hat Manifestation sehr viel mit der eigenen magischen Einstellung zu tun und mit der Fähigkeit, sich so zu fühlen, als seien die eigenen Wünsche bereits erfüllt worden. Es ist notwendig, dass du deinen Wunsch als erfüllt empfindest, siehst und träumst, bevor sich seine Energie und seine Präsenz in deinem Leben entwickeln können. Im Gegenzug werden die Dinge, die du dir wünschst, angezogen. Das ist eigentlich gar nicht so schwer, und die Manifestationszauber auf den nachfolgenden Seiten werden dir helfen, deine Träume wahr zu machen.

Weizenzauber für die Briefmanifestation

Dieser Manifestationszauber liegt mir besonders am Herzen. Ich lernte ihn in einem visionären Traum kennen, in dem ich ihn praktizierte, als hätte ich es schon tausendmal getan. Nach dem Aufwachen schrieb ich ihn sofort auf. Ich kann die Wirksamkeit dieses Zaubers gar nicht genug loben; er hat mir schon viele Male geholfen.

Was du brauchst:

Briefpapier
Einen roten Stift oder eine Schreibfeder mit Menstruationsblut als Tinte
Eine Weizenähre

Wie es geht:

- Schreibe einen Brief an das Universum, einen guten Geist oder an eine Gottheit deiner Wahl, in dem du deine Bedürfnisse beschreibst. Sei so genau wie möglich. Wenn du dir beispielsweise ein Auto wünschst, dann nenne die Zahl der Sitzplätze, die Farbe und so weiter.
- Am Ende des Briefes füge ein PS hinzu: »Obwohl ich mir genau das wünsche, bin ich offen für das, von dem du meinst, dass es zu mir am besten passt – solange es sich dabei um ein Auto handelt.« Damit lässt du Platz für die Möglichkeit, dass du nicht nur das Auto deiner Vorstellung manifestierst, sondern vielleicht sogar ein noch besseres. Du darfst nicht vergessen, wenn du den Mächten lediglich die Manifestation genau deines Wunsches gestattest, dann wird es viel länger dauern oder vielleicht gar nicht klappen.

- Unterschreibe den Brief, falte ihn zweimal in deine Richtung und lege ihn dann in einen Umschlag, der groß genug ist, den Brief ohne weiteres Falten und eine Weizenähre aufzunehmen (die Ähre kann ein wenig gebogen sein). Verschließe den Umschlag und schicke den Brief an dich selbst. Wenn er eintrifft, lege ihn auf deinen Altar.

Manifestierendes Bergamotte-Raumspray

Verwende dieses Raumspray dort, wo du Manifestationsmagie ausübst. Es unterstützt dich auch in der Meditation, da es den Geist entspannt, die Stimmung verbessert und die spirituelle Anbindung verstärkt. Ganz nebenbei verbreitet es außerdem einen wunderbaren Duft.

Was du brauchst:

Eine 60-ml-Sprühflasche
11 Tropfen ätherisches Bergamotteöl
7 Tropfen ätherisches Kamilleöl
7 Tropfen ätherisches Lavendelöl

Wie es geht:

- Gib die Zutaten in die Sprühflasche und fülle sie mit Wasser auf.
- Verschließe die Flasche und schüttle gründlich vor jedem Gebrauch.

Manifestierender Grüne-Minze-Mondwasser-Tee

Nachdem ich monatelang mit Mondwasser als Mittel der Manifestation herumexperimentiert hatte, entwickelte ich diesen Zauber, mit dem ich schließlich Erfolg hatte. Du darfst diesen magischen Tee nur bei Vollmond anwenden.

Was du brauchst:

Ein 700-ml-Schraubglas
Sauberes Regenwasser, ansonsten Leitungswasser
11 Grüne-Minze-Blätter
1 Prise Korianderpulver
Bergkristallsplitter
1 Lorbeerblatt
6 Zitronenscheiben
Honig, nach Geschmack

Wie es geht:

- Fülle das Gefäß mit sauberem Regenwasser (oder mit Leitungswasser, falls du in der Stadt oder in einem schadstoffbelasteten Gebiet wohnst). Gib die Minzeblätter, gefolgt von Korianderpulver und Kristallsplittern, in das Schraubglas.
- Halte das Lorbeerblatt vor deine Lippen, nimm drei tiefe Atemzüge und blase beim Ausatmen jeweils deine Magie in das Blatt. Dabei stellst du dir das vor, was du manifestieren möchtest. Lege nun das Lorbeerblatt in das Gefäß und schraube es zu.
- Lass das Schraubglas drinnen oder draußen an einem Ort stehen, wo es dem Vollmond ausgesetzt ist. Auch wenn es bewölkt ist, wird die Flüssigkeit die Energie des Mondes aufnehmen.

- Nimm das Glas noch vor Sonnenaufgang wieder hinein und schütze es vor dem Tageslicht.
- Sobald du bereit bist, gib die Zitronenscheiben in das Schraubglas, schließe den Deckel und lege deine Hände darauf, während du meditierst. Wiederhole beim Meditieren in melodischem Sprechgesang einen Satz oder ein paar Worte, die die Manifestation deines Wunsches unterstützen. Fahre so für wenigstens 10 Minuten fort, damit die Flüssigkeit von deinen Wünschen durchdrungen wird.
- Jetzt ist dein Mondwassertee bereit, seine Aufgabe zu erfüllen. Koche dir eine Tasse davon auf. Wenn du willst, gieße die Flüssigkeit vorher durch ein Sieb. Je nach Geschmack kannst du auch ein wenig Honig dazugeben. Lass den Tee etwas abkühlen, mach es dir irgendwo gemütlich und genieße es, deine Magie zu trinken. Wenn du möchtest, zünde ein Räucherwerk an, um die magischen Energien noch zu verstärken.
- Bewahre den Rest des Mondwassers im Kühlschrank auf. Erhitze und trinke jeden Tag etwas davon, bis der Tee aufgebraucht ist.

Ich hoffe dass dir diese Zauber, Tränke und Tinkturen nützlich sein werden. Passe sie ruhig intuitiv deinen Bedürfnissen an und übe weiterhin deine eigenen und meine vorgestellten Zauber. Vergiss nicht, deine Erfahrungen in deinem Buch der Schatten zu notieren.

Eigene Zauber erschaffen

Warum solltest du deine eigenen Zauber entwickeln, wenn es da draußen bereits zigtausend davon gibt? Zunächst einmal sind sie nicht deine. Sie haben nicht so viel Macht, wie sie es hätten, wenn du sie dir selbst überlegt hättest. Deine eigenen Zauber sind von etwas erfüllt, was niemand sonst hinzufügen kann: von deiner eigenen inneren Magie! Von deinen Gedanken, Gefühlen und Intentionen, von deiner Energie, Intuition und von deiner Essenz, die in jeden einzelnen deiner Zauber mit einfließt. Hinter diesen Zusammenhängen verbirgt sich äußerst mächtige Magie.

Das Entwickeln eines Zaubers ist wie das Backen eines leckeren Kuchens – du wählst die Zutaten auf der Basis des Ergebnisses, das du erzielen möchtest. Beim ersten Versuch sieht er vielleicht noch nicht so aus und schmeckt noch nicht so, wie du es dir vorgestellt hast, doch mit genug Übung gelangst du bald zu den gewünschten Ergebnissen.

Hier kommt eine Anleitung zu den erforderlichen Schritten beim Ausdenken von Zaubern. Schon bald wird dieser Prozess so natürlich für dich sein wie das Atmen.

Überleg dir, welches Ziel du mit dem Zauber verfolgst

Am Anfang jedes Zaubers steht deine Intention. Was willst du erreichen? Als Anfänger solltest du es bei nur einer Intention belassen und dabei so konkrete Vorstellungen wie möglich entwickeln. Wenn es ein Schutzzauber ist, welcher Art soll er dann sein? Wo ist der Schutz erforderlich? Für wen ist der Schutz gedacht? Und so weiter. Schreibe dir alles genau auf und zerlege es in immer kleinere Bausteine, bis du dir über deine Intention für den Zauber in allen Details im Klaren bist.

Suche dir deine Werkzeuge und Zutaten zusammen

Und jetzt beginnt der Spaß! Denke über dein Werkzeug, die Zutaten und über alle anderen Dinge nach, die du für den Zauber brauchst. Überlege dir, welche Elemente du aufnehmen willst und welche ihrer Entsprechungen eine Rolle spielen sollen. Dein Zauber muss nicht übermäßig ausgefeilt oder ausgefallen sein oder zig Zutaten oder Hilfsmittel erfordern. Es ist besser, ihn schön einfach zu halten und sich auf die Dinge zu konzentrieren, die am besten funktionieren, um die Intention des Zaubers zu manifestieren.

Schreib deinen Zauber auf

Jetzt ist es an der Zeit, deinen Zauber genau festzuhalten. Willst du ihn in einer bestimmten Mondphase oder zu einer bestimmten Tageszeit oder an einem bestimmten Wochentag ausführen? Denke darüber vor dem Aufschreiben nach. Falls du bestimmte Worte sprechen willst, sei es laut oder nur in Gedanken, wähle anfangs eher einfache – es ist noch zu früh, um zu ausgefallen zu sein. Nachdem du deinen Zauber ausgeführt hast und dich für bestimmte Worte entschieden hast, kannst du sie so umformulieren, dass sie sich reimen. Ich bezeichne das gerne als poetische Sprache. Reime helfen dir dabei, dich besser an die Sprüche zu erinnern, und steigern die Energie.

Ich schreibe mir den Text meiner Zaubersprüche nicht auf, weil ich ungeachtet der Worte bisher immer dazu in der Lage war, sie allein durch meine Energie zum Leben zu erwecken. Dazu ist jedoch ein hohes Maß an Fokussierung erforderlich und die vollständige Kontrolle über Gefühle, Emotionen und die Energien in dir und in deiner Umgebung. Dennoch mache ich mir in meinem Hexentagebuch immer Aufzeichnungen über den Verlauf meiner Zauber, damit ich bei Bedarf darauf zurückgreifen kann, auch wenn keine speziellen Sprüche notwendig sind.

Nimm dir Zeit, um dir den Ablauf deiner Zauber, die Sprüche und die benötigten Hilfsmittel einzuprägen. Auf diese Weise fügst du dem Zauber außerdem deinen Geist hinzu, weil du ihn verinnerlichst. Er lebt dann in dir – und etwas Mächtigeres gibt es nicht.

Bereite deinen Raum und dich vor

Nun, da du deinen Zauber entwickelt hast, ist es an der Zeit, mit ihm zu arbeiten. Such dir einen ruhigen und ungestörten Ort. Zünde Kerzen an und verbrenne Kräuter, Harz oder Räucherwerk, um einen magischen Raum zu etablieren. Verwende die Farben und Düfte, die mit deiner Zielsetzung übereinstimmen und die dir helfen, dich auf deine Intention zu fokussieren. Reinige dich und deinen Raum, setz dich dann auf einen Stuhl oder auf den Boden, und erde dich. Sammle deinen Geist in der Stille. Schließe alle äußeren Einflüssen und Geräuschquellen aus, bevor du beginnst.

Zaubere!

Sobald du bereit bist, hebe deine Energie an und führe selbstbewusst deinen Zauber durch – gib deine ganze Seele hinein! Denke dabei an Methoden wie das Anheben der Energie und das Erden und wende sie nötigenfalls auch während deiner Magiearbeit an.

Sobald du deine Magie gewirkt hast, beseitige die verbrauchten Materialien, wie etwa die verbrannten Kräuter und Kerzen, indem du sie in der Erde vergräbst. Reinige im Anschluss den Raum, dich selbst und die verwendeten Werkzeuge.

Bewahre deine Werkzeuge an einem bestimmten Platz auf, was überall sein kann, angefangen bei einem eigenen Bereich in deiner Kommode bis hin zu einer Ecke auf dem Esstisch. Als ich jünger war und noch zur Schule ging, verwahrte ich meine Werkzeuge in einer Kiste unter meinem Bett. Es gibt keine Vorschriften – achte aber darauf, den Platz sauber und von verbrauchten Energien frei zu halten.

Lerne aus deinen Erfahrungen

Vergiss nicht, dir auch über den Verlauf deiner Hexenarbeit Notizen zu machen. Sie gehören in dein Grimoire (falls du eins führst). Achte auf Emotionen, Energien, Empfindungen von Ziehen und Schieben, erhaltene Botschaften und darauf, wie sich dein Körper anfühlte und reagierte, und so weiter. Vergiss nicht, dass viele Zauber nicht gleich beim ersten Mal perfekt funktionieren. Sie brauchen Zeit, um sich zu manifestieren. Insbesondere junge Hexen müssen sich gedulden und immer wieder üben, um ihre Kraft zu steigern. Es kann eine Woche dauern oder auch einen Monat, bevor du irgendwelche Veränderungen oder Verlagerungen wahrnimmst. Hinzu kommt, je umfassender die Zielsetzung des Zaubers ist, desto mehr Zeit ist für die Manifestation erforderlich – diese Zusammenhänge müssen alle berücksichtigt werden.

Die Magie hat und wird immer Übung erfordern, insbesondere dann, wenn es um Zaubersprüche geht. Versuche nicht, mehr als einen Zauber pro Woche zu realisieren, denn Magie verlangt sehr viel Beobachtung und Wahrnehmung der kleinen Ergebnisse, damit erforderlichenfalls Verbesserungen vorgenommen werden können. Dafür brauchst du ausreichend Zeit, bevor du dich dem nächsten Zauber zuwendest.

»Warum wirken meine Zauber nicht?«

Das ist die Frage, die mir am häufigsten gestellt wird. Die zweithäufigste ist: »Was habe ich denn bloß falsch gemacht?« Ich glaube nicht daran, dass man in der Magie im eigentlichen Sinn »Fehler« machen kann, denn es gibt keine richtige oder falsche Weise, sie zu praktizieren. Lediglich kleinere Korrekturen sind ab und an notwendig.

Die Magiearbeit verbindet Chemie, Astrologie und eine gewisse spirituelle Essenz. Damit unsere Kunst erfolgreich ist, müssen wir diese drei Elemente sinnvoll miteinander verbinden. Doch die wichtigste Zutat aller magischen Rezepte bist immer und vor allem anderen du selbst. Der Verstand ist ein Hexenkessel, und alles, was du hineingibst, wird Teil deines Zaubers. Achte sorgfältig darauf, welche Bestandteile dein Rezept verlangt, damit es funktioniert.

Die folgende Checkliste wird dir dabei helfen, mit deiner Hexenkunst erfolgreich zu sein.

Habe klare Intentionen

Entwickle von Anfang an klare Vorstellungen davon, was du manifestieren willst, sonst sendest du eine unverständliche Botschaft. Unklarheit und Ungenauigkeit führen nur dazu, dass die Manifestation länger dauert oder gar nicht zustande kommt. Wenn du einen Zauber durchführst, um einen neuen Job zu finden, dann musst du eine konkrete Vorstellungen von deinem neuen Arbeitsplatz, deiner neuen Position, deinem Gehalt und dergleichen haben. Wenn du zu vage bist, bekommst du möglicherweise nur die Stellen, die du gar nicht haben willst, oder vielleicht gar keine. Es hängt alles an den Details.

Glaube an dich

Damit deine Intentionen über genügend Kraft verfügen, um sich zu manifestieren, musst du an sie und an deine Kunst glauben. Es ist allesentscheidend, dass du dem vertraust, was du mit deiner Magie erreichen kannst. Angenommen, du willst einen Geldzauber durchführen, mit dessen Hilfe du bis zum Ende der Woche tausend Euro erhalten möchtest, dann musst du daran glauben, dass es geschehen kann, und dich so fühlen, als sei dir das Geld bereits sicher. Wenn du nicht an die Materialisierung deines Wunsches glaubst, dann kann der Zauber auch nicht funktionieren.

Als ich in den Zwanzigern war, habe ich viel Zeit in Geldzauber gesteckt, und bis ich dreißig war, war ich richtig gut darin. Ich habe immer genug Geld, um meine Rechnungen zu bezahlen, um ein gutes Leben zu führen, mein Geschäft liquide zu halten und um an gemeinnützige Organisationen zu spenden. Zuerst musst du darüber nachdenken, woher das Geld kommen soll. Wenn du selbstständig bist, dann möchtest du deinen Zauber vielleicht so ausrichten, dass das Geld aus deinem Unternehmen kommt; schuldet dir jemand Geld, dann richte deinen Zauber auf diese Quelle. Falls du nicht weißt, woher das Geld kommen könnte, dann sei offen für alle Möglichkeiten.

Bewahre dir eine positive Einstellung

Wenn du Zauber wirkst und deine Ziele und Intentionen festlegst, dann ist es wichtig, dies mit Selbstvertrauen und einem Gefühl von Macht zu tun. Du musst innerlich ruhig und gelassen sein. Sorge, Panik oder Bedürftigkeit stellen sich deiner Magie nur in den Weg. Du musst die Magie in deiner Seele spüren, und du musst davon überzeugt sein, ein Recht auf dein Glück zu haben.

Stelle dir vor, wie es wäre, wenn dein Wunsch nach etwas Bestimmtem bereits erfüllt wäre: Wie siehst du damit aus, wie fühlt es sich an und wie schmeckt es? Male dir jedes Detail aus. Angenommen, du wünschst dir Liebe und wirkst einen Zauber, der Liebe anziehen soll, dann muss dein Ausgangspunkt die Liebe sein. Wenn du dich ungeliebt oder einsam fühlst, dann wird deine Selbstwahrnehmung die Wirkung deines Zaubers verhindern. Bevor du also mit deinem Zauber beginnst, versetze dich zurück in die Zeit, als du geliebt wurdest oder als du selbst verliebt warst. Wie empfindest du es, wenn du geliebt wirst? Denke daran, wie strahlend dein Lächeln ist und wie sich dein Körper anfühlt. Du musst zu dem werden, was du anziehen willst, bevor es zu dir gelangen kann.

Habe Geduld

Überstürzt oder unter Stress heraufbeschworene Energien brauchen länger, um sich zu manifestieren. Außerdem beeinträchtigen sie die Botschaft, die du aussenden willst. Magie braucht seine Zeit, also bleibe geduldig. Wenn ich meine Zauber wirke, dann lasse ich sie erst einmal in Ruhe, anstatt mich an ihnen festzuklammern und mir die ganze Zeit darüber Sorgen zu machen, ob sie wohl funktionieren werden oder nicht. Ich weiß, dass sie ihre Wirkung entfalten, wenn die Zeit reif ist.

Fokussiere dich auf immer nur ein Ziel

Widme deine Aufmerksamkeit nur einer einzigen Intention, die du manifestieren willst. Kümmere dich nur um sie und schenke ihr deine ganze Kraft. Wer mehrere magische Intentionen gleichzeitig manifestieren will, braucht viele Jahre Übung. Ohne diese Übung werden mehrere zugleich angestrebte Ziele einander vermutlich nur in die Quere kommen. Babyschritte, liebe Hexen! Beschäftigt euch also jeweils immer nur mit einem Zauber nach dem anderen und schenkt dem, den ihr gerade in der Mache habt, eure ganze Aufmerksamkeit und Kraft. Sobald der eine Zauber seine erwartete Wirkung getan hat, könnt ihr euch dem nächsten zuwenden.

Vertraue dem Schicksal

Deine Intentionen werden sich nur dann manifestieren, wenn sie für dich von Nutzen sind. Deine Ahnen und Geistführer werden nur etwas zulassen, was dich weiterbringt. Vertraue ihnen, vertraue deiner Reise, und vertraue dem Universum. Vielleicht bist du für das, was du dir wünschst, noch nicht bereit –, aber sobald du es bist, könnte es in Erscheinung treten. Als ich vorhatte, ein Buch zu schreiben, bemühte ich mich monatelang nach Kräften, brachte es aber trotzdem nicht zustande. Schließlich trat ihre Manifestation in Erscheinung, nachdem ich dafür bereit und auf meinem Weg weitergekommen war und keinen Zweifel hatte, dass ich einen wichtigen Beitrag für diesen Planeten leisten würde. Ich habe nie den Glauben daran verloren, Autorin zu werden. Ich machte weiter und arbeitete an mir, und du liest jetzt gerade das Produkt dieser Reise.

Ich genieße mein Leben an einem Ort wunderbarer Synchronizität. Meine Lippen formulieren Zaubersprüche mit Anmut, und ich verkörpere mit meiner Präsenz meine Magie. Ich habe mich nicht immer so gefühlt, und es gibt auch Zeiten, in denen ich sehr hart daran arbeiten muss, um das Ergebnis meiner magischen Bemühungen zu Gesicht zu bekommen. Magie auszuüben heißt genau das: zu üben. Sobald wir das akzeptieren, kommt alles an seinen richtigen Platz. Magie soll Spaß machen und ein wunderbares Mysterium für dich sein, das du in deinem Leben willkommen heißt. Lasse dich von deiner Magie und deiner Lebensreise verzaubern und in eine Welt grenzenloser Möglichkeiten führen. Du bist magisch. Das darfst du nie vergessen.

TEIL FÜNF:

VERANTWORTUNGS-BEWUSST PRAKTIZIEREN

Zehn Möglichkeiten, die Erde zu heilen

Mehr als jemals zuvor ist es notwendig, dass die Hexe in dir erwacht, damit du deinen Beitrag zum Schutz der Erde, unserer Mutter und Heimat, leisten kannst. Ohne unser kollektives Erwachen, ist die Heilung der Erde unmöglich. Es kommt nicht darauf an, wie viel oder wie wenig du tust, solange du nur etwas tust, um unserem Planeten, unserer Mutter, zu helfen und ihn gegen die Ungerechtigkeiten zu verteidigen, unter denen er leidet. Wir alle sind Kinder der Erde, und wir alle haben die Verantwortung, ihre Liebe zu erwidern und sie zu beschützen. Ich will die Dinge nicht überdramatisieren – das ist gar nicht notwendig, denn sie *sind* dramatisch. Hexen, ihr erwacht und erinnert euch an unsere Aufgabe, an unsere Berufung hier auf der Erde, und es ist an der Zeit, die Hilferufe unserer Mutter, die wir in unseren Knochen spüren, zu hören und zu beantworten.

Finde die Zeit in deinem Leben, um loszulegen und dich aktiv für die Gesundheit unserer Mutter einzusetzen. Es gibt zahlreiche kleine Veränderungen, die wir selbst in unserem Alltag umsetzen können, und viele andere Wege, wie wir als Hexen die Gesundheit unserer Mutter unterstützen können, wenn wir unsere Magie wirken. Hier ein paar Ideen:

1. Benutzt wiederverwendbare Schraubgläser für eure Magiearbeit oder für andere Zwecke im Haushalt. Auch die Behälter von Endloskerzen können eine neue Aufgabe in der Küche oder als Vasen übernehmen.
2. Sammelt Regenwasser für eure Magiearbeit und für euren Garten.
3. Verwendet Recyclingpapier.
4. Bevorzugt Streichhölzer statt Feuerzeuge.
5. Verbringt Zeit in der Natur und lasst sie wissen, wie sehr ihr sie liebt und zu schätzen wisst.
6. Verwendet natürliche Putzmittel.
7. Trocknet eure Wäsche möglichst an der frischen Luft statt im Trockner.
8. Informiert euch regelmäßig über den Zustand unserer Erde.
9. Investiert euer Geld in umweltbewusste und sozialverträgliche Unternehmen.
10. Setzt eure Magie ein, um die Heilung unserer Mutter Erde voranzubringen.

Auf meiner Webseite (www.novembersage.com) könnt ihr mehr herausfinden über The Witch's Purpose Organization, eine gemeinnützige Organisation, die ich für jene gegründet habe, die sich aktiv für die Heilung unserer Mutter Erde und ihrer Kinder einsetzen wollen.

Integrität in der Hexenkunst

Die kulturelle Aneignung, bei der eine dominierende Kultur Traditionen einer Minderheitenkultur kopiert, ist ein Thema, über das sich die moderne Hexe Gedanken machen muss. In der Hexengemeinschaft, für die Wahrheit und Integrität das Wichtigste ist, stellt diese Thematik ein wichtiges Element dar. Es sind nicht nur zahllose falsche Informationen darüber im Umlauf, was es bedeutet, eine Hexe zu sein. Es ist auch problematisch, dass so viele von uns unreflektiert Elemente aus anderen Kulturen übernehmen, ohne sich dessen auch nur bewusst zu sein.

So ist etwa das Verbrennen von Kräutern oder Harzen zur Reinigung eine Tradition in vielen Kulturen, aber eben auch in der Hexen-Community. Außerdem sollten ökologische Gesichtspunkte grundsätzlich einbezogen werden. Daher muss auf die Verwendung von gefährdeten Pflanzen wie beispielsweise dem Indianischen Räuchersalbei in den USA selbstverständlich verzichtet werden. Sie können durch weiter verbreitete Arten oder etwa durch Zeder, Wacholder und Rosmarin oder durch ungefährdete Harze wie Weihrauch und Kopal ersetzt werden.

Es gibt noch weitere Beispiele für Praktiken und Begriffe, die nicht außerhalb ihres traditionellen kulturellen Rahmens gebraucht werden sollten: So verzichte ich selbst etwa auf die Verwendung des indianischen Begriffs »Schutz-« beziehungsweise »Totemtier« – ich empfehle hier das Wort »Geistführer«. Statt das Sanskritwort »Chakras« zu bemühen, spreche ich von Energiepunkten, und »Mantras« bezeichne ich als Sprechgesang.

Es gibt unzählige Beispiel in dieser Richtung, weshalb ich dir rate, selbst nachzuforschen und dich zu fragen: »Tue ich dies, weil es gerade im Trend ist, oder aus aufrichtigem Interesse?« Es stehen im Bereich der Hexenkunst und verwandter Gebiete so viele Informationen zur Verfügung, dass ich dich ermuntern möchte, dich selbst mit dem Thema der kulturellen Aneignung auseinanderzusetzen. Ich habe beim Schreiben dieses Buches sogar auf Begriffe verzichtet, die praktizierende Hexen üblicherweise verwenden, und habe versucht, angemessenen Ersatz für sie zu finden. Letztlich geht es darum, die jeweils andere Kultur zu respektieren und bewusst verantwortliche Entscheidungen zu treffen. Jeder Mensch hat die Wahl. Ich hoffe, dass du dich entscheidest, achtsam zu sein und die Gefühle anderer Menschen zu respektieren.

Das Gesamtbild

Ich hoffe, dass wir eines Tages friedlich zusammenleben und in unserem Gegenüber nur seine Seele sehen, nicht seine Herkunft, seine Hautfarbe, sein Geschlecht, sein Aussehen, seine Religion oder seine spirituelle Praxis. Ganz egal, wie du über Politik denkst: Du hast eine Stimme, und die solltest du auch benutzen. Bring dich ein und versuche Dinge zu verändern. Ich habe mich beispielsweise entschlossen, in der Umweltpolitik für ein öffentliches Amt zu kandidieren. Ich hätte es nie für möglich gehalten, dass ich das irgendwann einmal tun würde. Ihr könnt das auch, liebe Hexen!

Wendet euch an die Bürgermeister und die Politiker, die für euren Landkreis zuständig sind, und sprecht mit ihnen. Es ist ihre Aufgabe, euch zuzuhören. Eure Stimmen zählen! Denkt darüber nach, welche Themen euch am wichtigsten sind, sei es Zuwanderung, Erziehung, geistige Gesundheit, Gleichberechtigung, Rechte oder Klimawandel. Macht den Mund auf, tragt eure Sorgen und Ideen vor, aber bleibt dabei ruhig, geduldig und respektvoll. Dies ist kein Aufruf, Feuer mit Feuer zu bekämpfen, es ist der Aufruf, die Elemente wieder ins Gleichgewicht zu bringen und den Regen zu rufen.

Ihr könnt euch auch einer Protestbewegung anschließen. Ich bin eine erfahrene Aktivistin und weiß, was funktioniert und was nicht. Um in der Welt zu glänzen, müssen wir uns erst auf uns selbst und auf unsere Erdung konzentrieren. Friedlicher Protest ist am wirkungsvollsten. Einfach nur Teil einer Bewegung zu sein kann wie ein hochmächtiger Zauber wirken, bei dem Gruppenintention, ein hohes Energieniveau und der Aufenthalt im Freien die Zutaten sind. Indem du dich zu einem Zeichen des Lichts machst, kannst du die richtige Botschaft anziehen und aussenden. Fokussiere dich auf die kommenden (statt auf die gegenwärtigen) Umstände. Bitte darum, von allen negativen Emotionen befreit zu werden, damit du echte Arbeit tun kannst – Magie mit ihrer größeren Macht.

Die Fortsetzung deiner Reise

Als ich erwachsen wurde, hatte ich noch nicht begriffen, wie mächtig unsere Gedanken und Worte tatsächlich sind – erst als ich erkannte, dass es zwischen dem, was ich dachte oder sagte, und den Ereignissen, die folgten, eine Verbindung gab.

In den letzten Jahren vor meinem Schulabschluss lebte ich allein, da die Umstände zu Hause für mich ungesund waren. Eine Zeit lang wohnte ich sogar in einem verlassenen Kloster. Als ich dann in einer Vorschule arbeitete, bekam die Leiterin mit, unter welchen Umständen ich lebte, und schlug vor, in einen der Räume in der Etage über der Vorschule zu ziehen. Ich durfte niemandem sagen, dass ich dort wohnte. Es gab kein Licht, aber immerhin funktionierte die Toilette.

Das Kloster war riesig und in jeder Hinsicht so gruselig, wie man es sich vorstellt: endlose unbewohnte Gänge mit hunderten Türen; lange leere Flure; verlorene Geister; und es gab eine Glocke, die von alleine jede Nacht zwischen drei und vier Uhr morgens läutete. Aber ich war mir ganz sicher, dass sich eines Tages alles zum Besseren wenden würde. Ich hatte hier auf der Erde eine Aufgabe, und irgendwann würde ich sie erfüllen. Also kniete ich mich jeden Abend vor dem hölzernen Kreuz an der

Wand in meinem Zimmer auf den Boden hin und betete. Das Kreuz hing so, dass das Mondlicht durch mein kleines Fenster darauffiel. Ich bedankte mich für die vielen Möglichkeiten, die mir zuteilwurden, und für einen sicheren Platz zum Schlafen, und blieb bei meiner Überzeugung, dass ich auch weiterhin gesegnet sein und auf den richtigen Weg geführt werden würde.

Und jeden Tag wurden die Dinge ein klein wenig leichter. Ich ergriff weiterhin die Möglichkeiten, die sich mir boten, und kam schließlich dort an, wo ich heute bin. Mein Weg war nicht leicht, und ich musste zahlreiche Veränderungen durchlaufen, doch egal wie schwierig manche meiner Erfahrungen auch waren, sie führten mich an meinen Bestimmungsort, sowohl in spiritueller als auch in physischer Hinsicht. Endlich haben sich meine Augen für die Wahrheit in mir geöffnet.

Warum ich dir das erzähle? Weil ich dir klarmachen möchte, welche Macht positives Denken auch noch in den dunkelsten Stunden hat. Das Leben ist nicht leicht, und wir müssen immer wieder kämpfen. Doch du hast wie wir alle die Fähigkeit und die Kraft, um dein Ziel zu erreichen und das von dir gewünschte Leben zu manifestieren. Du trägst für dich und vor der Welt die Verantwortung, dich so anzunehmen, wie du bist, und deine Magie zu teilen.

Hexenkunst ist nichts, in das man nebenbei mal reinschnuppert, es ist eine Lebenseinstellung. Wenn dir das nicht gefällt, ist dein Weg vielleicht ein anderer. Meine Intuition sagt mir allerdings, dass alle, die dieses Buch lesen und sich in seiner Weisheit wiederfinden, sich ohne jeden Zweifel auf dem richtigen Weg befinden. Wir sind hier, um mit unserer Magie das Universum leuchten zu lassen, und das ist nur denjenigen von uns möglich, die bereit sind, die Hexe in sich zu entdecken.

Ein Liebesbrief

Liebste Hexe,

etwas über Hexenkunst zu lernen, kann einen hin und wieder ein wenig überfordern. Es gibt Tausende von Büchern und Onlineartikeln – woher soll man da wissen, welchen man vertrauen kann? Ich habe dieses Buch geschrieben, damit du über die Grundlangen verfügst, um eine Verbindung herzustellen: zu deinem Selbst, zum Heilen, zu unserer Magie und zu unserer Kunst.

Du musst keinem Buch, auch nicht diesem, zu hundert Prozent folgen – du musst dich im Grunde an kein Buch halten. Wähle aus den gelernten Lektionen die Bestandteile aus, die zu dir passen, und integriere sie in deine eigene Praxis. Tue das, was sich für dich natürlich und richtig anfühlt.

Ich kenne viele Hexen, die einem ganz bestimmten Weg oder irgendwelchen Vorgaben anderer folgen. Sie identifizieren sich mit den grünen Hexen, den Küchenhexen, den Seehexen und zahlreichen anderen Gruppierungen. Doch wenn ihr euch auf einem anderen Weg seht oder eine eigene Herangehensweise entwickeln wollt, dann nur zu, liebe Hexen. Formt und gestaltet euren Weg, erforscht ihn und probiert ihn aus, bis er sich genau richtig anfühlt.

Denjenigen, die erst am Anfang ihrer Hexenkarriere stehen oder die ihr authentisches Selbst noch nicht gefunden haben, möchte ich sagen, dass Erfolg auf sich warten lassen kann. Es wird Tage geben, an denen du dich verloren, orientierungslos, festgefahren und überfordert fühlst. Sei stark und vor allem höre nie auf, an dich und deine Macht zu glauben. Mit Geduld und Übung – viel Übung – wirst du besser werden. Mit der Zeit wirst du eine voll entwickelte, mächtige Hexe sein, die ihre Magie lebt.

Zu den Hexen da draußen, die eine zerbrochene Familie oder ein gebrochenes Herz haben, die sich nirgendwohin wenden und niemandem vertrauen können, jeder Hexe, die gelitten hat und nun aus ihrer Asche emporsteigt, möchte ich sagen: Ich liebe euch. Ihr seid mir wichtig, und ich werde nie aufhören, mich für euch und für uns alle einzusetzen. Ihr seid es wert, geliebt zu werden, und ihr dürft nie vergessen, dass ihr heilig seid. Das Leben hat euch hart getroffen, aber ihr tragt die Magie in euch zurückzuschlagen! Ihr seid viel stärker, als ihr es euch jemals träumen lassen könnt. Nutzt das, was ihr habt, passt auf euch auf und vergesst nie, euer dankbares Herz zu bewahren.

Besonders wichtig ist es mir zu sagen, dass ich unglaublich stolz auf alle von euch bin, die es wagen, in die Tiefen eurer inneren Hexe hinabzusteigen. Ich hoffe, dass dieses Buch euch Heilung, Kraft und ein tieferes Verständnis von euch selbst geschenkt und dass es euch dichter an eure Wahrheit und eure Kunst herangeführt hat. Die Reise zu eurer Magie kennt kein Ende. Ihr werdet immer etwas Neues zu lernen haben und euch vor immer neuen Herausforderungen wiederfin-

den. Denkt immer daran, dass ihr sowohl fähig als auch mächtig seid. Heißt beim Weiterlernen über euch selbst jeden neuen Aspekt eures Selbst mit einem liebevollen und mitfühlenden Herzen willkommen. Seid immer ihr selbst und vergesst nie: Ihr seid Magie.

Eure innere Hexe dankt euch dafür, dass ihr sie annehmt.

In Verbindung bleiben

Gemeinschaft war mir immer und wird mir immer heilig sein. Bitte bleibt über die sozialen Medien mit mir in Verbindung, meldet euch für meinen Newsletter an und nutzt meine Webseite. Taggt mich in euren Bildern und lasst mich wissen, wie ihr mit der Magiearbeit in diesem Buch zurechtkommt. Ihr könnt euch über die Webseite und meine Profile direkt an mich wenden.

November Sage Apothecary
www.novembersage.com
@novembersage
@novembersage

Novembersage Herbarium Onlineschule für heilkundige Hexen
www.novembersageherbarium.com
@novembersageherbarium
@novembersageherbarium

Ich wünsche euch, dass eine wunderbare und magische Reise vor euch liegen möge.

Juliet Diaz

Über die Autorin

Juliet Diaz stammt aus einer kubanischen Familie (und hat außerdem indianische Wurzeln), in der Hexenwissen seit vielen Generationen von einer Hexe an die nächste weitergegeben wird. Sie ist die Eigentümerin von November Sage Apothecary und der Onlineschule November Sage Herbarium für heilkundige Hexen.

Juliet ist Heilerin, Seherin und Herbalistin und hat einen Master of Science in Pflanzenheilkunde erworben. Sie ist bekannt für ihre Fähigkeiten als Heilpraktikerin und für ihre Gabe, mit Pflanzen, Bäumen und Naturgeistern zu kommunizieren. Juliet kam mit übersinnlichen Fähigkeiten auf die Welt. Hinweise für ihre natürliche Begabung unter anderem in Bezug auf Heilung, energetische Deutung, Kontakt mit Geistern und anderen Welten zeigten sich bereits im Alter von drei Jahren.

Sie ist davon überzeugt, dass Magie in uns allen lebt, und setzt sich leidenschaftlich dafür ein, die Wahrheit in die Welt zu tragen und ihre Mitmenschen dazu zu inspirieren, ihre Macht anzunehmen.